# जीवन के आश्चर्य

# जीवन
# के
# आश्चर्य

इड़ा लियोन
*(Ida Lyon)*

डी डी बुक्स
नए युग के नए प्रकाशक

**जीवन के आश्चर्य**

**by *इडा लियोन***



मूल्य: ₹ 250/-

ISBN: 9789359574417

डी डी बुक्स, दिल्ली

www.ddbookshub.com

ddsalesglobal@gmail.com

भारत गणराज्य में मुद्रित

# विषय सूची

# जीने का आनंद

जीवन हमारे लिए आनंद के स्रोत से कम नहीं होना चाहिए एक सतही, क्षणभंगुर नकल नहीं, बल्कि एक वास्तविक, उत्साहपूर्ण आनंद जो हमारे अस्तित्व के मूल में प्रवेश करता है और हमें हमारे बाहरी अस्तित्व की संकीर्ण सीमाओं से परे विशालता और वैभव में ले जाता है। सार्वभौमिक जीवन का, जिसके साथ हमारा अपना घनिष्ठ और अविभाज्य रूप से जुड़ा हुआ है।

संभवतः कोई भी व्यक्ति नहीं है, भले ही उसकी परिस्थितियाँ कितनी भी विकट क्यों न हों, जिसने किसी बिंदु पर, केवल जीवित रहने में आनंद की इस भावना की शक्ति का अनुभव नहीं किया हो। फिर भी, इसे संजोने और इसे बार-बार बुलाने के बजाय, यह अक्सर हमारे लिए एक उपहार की क्षणिक झलक के रूप में सामने आता है जिसे हम अपने दिलों में प्रिय रखते हैं एक शक्ति जो हमें प्रतिकूल परिस्थितियों से ऊपर उठाकर अधिक अनुकूल परिस्थितियों में ले जाती है।

यह खुशी अक्सर हमारे विभिन्न अनुभवों से जुड़ी अभ्यस्त भावनाओं अभाव, कड़वाहट और आत्म-लालसा की भावनाओं से ढक जाती है। मैं बेतुकी परमानंद और असामान्य भावनाओं की भ्रमपूर्ण स्थिति में रहने का सुझाव नहीं देता, न ही मैं लगातार एक ही भावना से चिपके रहने की वकालत करता हूँ; यह न तो संभव होगा और न ही वांछनीय हालाँकि, हमारे भीतर प्रचलित भावना इस अद्भुत सचेतन अस्तित्व को पाने के विशेषाधिकार के लिए खुशी और कृतज्ञता की होनी चाहिए।

लेकिन उन लोगों के बारे में क्या जिनकी चेतना बेहोशी को बेहतर बनाती है? ऐसी चेतना होने पर वे कैसे आनंदित हो सकते हैं ठंडा, भूखा, नापसंद, अशिक्षित और

प्रतिकूल परिस्थितियों के जाल में फँसा हुआ महसूस करना जहाँ से बचना असंभव प्रतीत होता है?

प्रत्येक सामान्य मनुष्य अपने भीतर कुछ ऐसी शक्तियां रखता है जो उन्हें किसी भी स्थिति से परे जाने और किसी भी स्थिति को प्राप्त करने में सक्षम बनाती हैं। हो सकता है कि वे नहीं जानते हों कि इन शक्तियों का उपयोग कैसे किया जाए, लेकिन फिर भी वे उनके पास हैं। कई उदाहरण इस बात की पुष्टि करते हैं, जहाँ प्रतीत होता है कि दुर्गम परिवर्तन हुए हैं, जिससे दुर्भाग्यशाली लोगों को निराशा से बाहर निकालकर उनकी सोच से भी परे की स्थिति में पहुंचा दिया गया है। हालाँकि कुछ लोग इन घटनाओं को संयोग या भाग्य का कारण बता सकते हैं, वास्तव में, ये अपरिवर्तनीय कानूनों के अनुसार कार्य करने वाली शक्तियों का परिणाम हैं, भले ही हम उन कार्यों को समझते हों या नहीं। हमारे शरीर की जटिल

कार्यप्रणाली और जिन शक्तियों पर हम नियंत्रण रखते हैं, उनके बारे में हमारी अज्ञानता हमें दुखी परिस्थितियों में बांधे रखती है।

भावना की शक्ति को लंबे समय से कम करके आंका गया है और हमारे जीवन में इसे गौण भूमिका में डाल दिया गया है। पूरे इतिहास में, हमने यातनाएँ सहन की हैं और भय में जीए हैं, दुख को परलोक में खुशी के मार्ग के रूप में प्रचारित किया गया है, जिससे जीवन में हमारी सहज खुशी कम हो गई है। हालाँकि, भावना एक शक्तिशाली शक्ति है जिसे अभी समझा जाना शुरू हुआ है। हम महसूस कर रहे हैं कि दुख में कुछ भी अच्छा नहीं है; इसके विपरीत, दुखी होना पाप है और खुश रहना पुण्य है।

हमारे पास मौजूद यह महान शक्ति तीन गुना है और हमारी इच्छा, बुद्धि और भावना प्रत्येक को हमारे जीवन को नियंत्रित करने में भूमिका निभानी चाहिए। जब तक हमारे विचार और भावनाएँ उस इरादे के अनुरूप नहीं हो जातीं, तब तक अपनी स्थितियों को अपनी इच्छाओं के अनुरूप बनाने की इच्छा करना व्यर्थ है। जब हम खुद को ऐसा करने के लिए प्रशिक्षित करते हैं, तो हम जीवन के सच्चे आनंद का अनुभव करेंगे।

यदि हमारे विचार और भावनाएँ विद्रोही हैं, यदि हम जीवन को एक बोझ के रूप में और अपने शरीर को कष्टकारी बोझ के रूप में देखते हैं, तो केवल अपनी इच्छाशक्ति का प्रयोग करने से तंत्रिका तंत्र उस निरर्थक प्रयास में थक जाता है जिसे विचार और भावना को विरोध करने के बजाय सहायता करनी चाहिए।

मैंने एक बार एक यात्री ट्रेन में दो ब्रेकमैनों को देखा और उनके कर्तव्यों के प्रति उनके विपरीत दृष्टिकोण काफी स्पष्ट थे। एक व्यक्ति सतर्क था, सक्रिय था, उसके चेहरे पर खुशी झलक रही थी और जीने का आनंद झलक रहा था; दूसरे ने अपना काम अनिच्छा से, उदासी से और स्पष्ट अनिच्छा के साथ किया। यदि वह अपने काम से असंतुष्ट था और अधिक संतुष्टिदायक व्यवसाय की तलाश में था, तो वह इसे प्राप्त करने के लिए सही दृष्टिकोण नहीं अपना रहा था। जब तक हम अपनी जिम्मेदारियाँ अच्छी तरह और ख़ुशी से नहीं निभा सकते, तब तक हम किसी भी बेहतर चीज के हक़दार नहीं हैं और अगर हमारे पास वह है भी, तो हमें संतुष्टि नहीं मिलेगी।

बाहरी तौर पर ऐसा करने से पहले हमें आंतरिक रूप से अवांछनीय परिस्थितियों से ऊपर उठना होगा। हमें अपने विचारों और भावनाओं को दुःख की किसी भी चेतना को अस्वीकार करने और इसके बजाय जीवन के आनंद को अपनाने के लिए प्रशिक्षित करना चाहिए। इससे पहले कि हम अपने लिए खुशहाल परिस्थितियाँ आकर्षित कर सकें, हमें निराशा, चिड़चिड़ापन और असंतोष से नाता तोड़ लेना चाहिए और पूरे दिल से अस्तित्व के आनंद को अपनाना चाहिए।

हमें अपनी आंतरिक शक्तियों का उपयोग इस हद तक करना चाहिए कि छोटी-मोटी झुंझलाहट और अनुपयुक्त वातावरण अपना महत्व खो दें और केवल हमारी क्षमताओं को परखने के अवसर के रूप में काम करें। एक बार जब हम अपनी आंतरिक शक्तियों पर नियंत्रण हासिल कर लेते हैं, तो हमारे बाहरी जीवन में बदलाव आ जाते हैं। हालाँकि, इस आदतन मानसिक दृष्टिकोण को विकसित करना बाहरी परिस्थितियों के प्रबंधन में प्रारंभिक कदम है। हम तब तक बाहरी रूप से मजबूत होने की उम्मीद नहीं कर सकते जब तक कि हम आंतरिक रूप से मजबूत न हों और हम द्वेष, ईर्ष्या, निर्दयता या परेशानी को जीने की खुशी को कम करने की अनुमति देते हुए आंतरिक शक्ति हासिल नहीं कर सकते, जो कि सही मायने में हमारा है और हमारे अंदर मजबूती से स्थापित होने के बाद एक अदम्य शक्ति बन जाता है। दिल।

हाल ही में, मुझे चार्ल्स वैगनर का एक उद्धरण मिला जो एक गहन सत्य को समाहित करता है: “खुशी एक पवित्र लौ है जिसे पोषित किया जाना चाहिए और जो जीवन पर एक शानदार चमक फेंकती है। “ यह ज्योति हम सबके हृदय में निवास करती है। यदि यह धीमी गति से टिमटिमाता है, तो हमें इसे और अधिक उज्ज्वल चमक प्रदान करना चाहिए जब तक कि यह हर अंधेरे और डरावने कोने को गायब न कर दे।

यदि हम अपने जीवन को इस “शानदार चमक” से रोशन करना चाहते हैं, तो हमें अपने आस-पास के लोगों के बुरे स्वभाव वाले रवैये के प्रति खुद को अभेद्य बनाना होगा, ताकि छोटी-छोटी ईर्ष्याएं और निर्दयीताएं हमारी आत्माओं पर कोई निशान न छोड़ें। जहाँ तक अपने भीतर ऐसी भावनाओं को बनाए रखने की बात है, तो इसका सवाल ही नहीं

उठता कि क्या हमारा लक्ष्य खुद को खुशहाल परिस्थितियों और अनुकूल परिवेश में ऊपर उठाना है।

जो लोग खुश और सफल हैं उनके प्रति द्वेषपूर्ण और ईर्ष्यालु भावना रखते हुए सुख और समृद्धि में वृद्धि की उम्मीद करना मूर्खता है। यह मानसिकता उस कमज़ोरी को दर्शाती है जिसे हमें अपने वांछित परिणाम प्राप्त करने से पहले दूर करना होगा।

हमें ख़ुशी को तब तक टालना नहीं चाहिए जब तक परिस्थितियाँ हमारी इच्छाओं के अनुरूप न हो जाएँ। हमें अभी से खुश रहना शुरू कर देना चाहिए और सब कुछ होते हुए भी अपनी खुशी बरकरार रखनी चाहिए, साथ ही अपनी वांछित परिस्थितियों को पूरा करने के लिए हर संभव कदम भी उठाना चाहिए।

जब हम ईमानदारी से अपने दिलों में खुशी की लौ जलाने का प्रयास करते हैं तो सुधार देखने के लिए हमें लंबे समय तक इंतजार नहीं करना पड़ता है। जिन लोगों को हम जानते हैं वे दुखी और असंतुष्ट हैं, उनमें से अधिकांश लोग अपनी कठिनाइयों पर ध्यान देकर और उन्हें बढ़ा-चढ़ाकर अपनी परेशानियां पैदा करते हैं।

हमारे जीवन में सुख या दुःख दूसरों के कार्यों, शब्दों या विचारों से नहीं बल्कि हमारी आंतरिक स्थिति से निर्धारित होता है। जब हम आदतन सोचते और महसूस करते हैं कि सब कुछ हमारी भलाई के लिए मिलकर काम कर रहा है, चेतना की उस स्थिति को सहजता से बनाए रखते हुए, खुशी की लौ हमारे भीतर इतनी उज्ज्वल रूप से जलती है कि कोई भी अंधेरा इसकी “शानदार चमक” को कम नहीं कर सकता है।

हमें एक भी कठोर या कड़वे विचार को अपने भीतर टिकने नहीं देना चाहिए। यदि हम स्वयं को निर्दयी भावनाओं से ऊपर नहीं उठा पाते हैं, तो हमारे पास आगे बढ़ने के लिए आवश्यक शक्ति का अभाव है। हमें शुरुआत से ही शुरुआत करनी चाहिए- और शुरुआत सही मानसिक दृष्टिकोण से होती है। अन्य लोग जो भी अप्रिय बातें कहते हैं या करते हैं वे हमारी चेतना से उसी तरह लुढ़क जानी चाहिए जैसे अच्छी छत से पानी; हमारे आंतरिक जीवन के सामंजस्य को बाधित करने वाली एक बूंद भी नहीं टपकनी चाहिए।

यह याद रखना महत्वपूर्ण है: यह सबसे अच्छा जनरल नहीं है जो सबसे अधिक लड़ाई में शामिल होता है। जब हमारा ध्यान खुशहाल स्थितियों पर होता है, तो छोटी-मोटी झुंझलाहट और भारी दुख हमें निराशा में धकेलने की अपनी शक्ति खो देते हैं। यह मानना गलत धारणा है कि खुशी का रास्ता कठिन और कांटेदार है, जैसा कि हमें सिखाया गया है।

❋❋❋

# जीवन का अर्थ

प्रत्येक व्यक्ति के लिए जीवन अलग-अलग अर्थ रखता है। इसके ख़ज़ानों के विशाल भंडार से, हर कोई वह चीज ढूँढ़ता है जो उन्हें ख़ुशी देती है। कुछ लोग संघर्ष में जल्दी ही हार मान लेते हैं, केवल अस्तित्व से संतुष्ट हो जाते हैं, जीवन के रहस्यों में कभी गहराई से नहीं उतरते। अन्य लोग अपने आकर्षक आकर्षण में अंधे होकर सतही दिखावटीपन के पीछे अपनी ऊर्जा बर्बाद करते हैं जो वास्तव में खुशी नहीं लाते हैं।

कुछ लोगों के पास गुप्त कक्षों तक पहुँच होती है जहाँ शक्ति और धन उन लोगों का इंतजार करते हैं जिनके पास चाबी होती है। कुछ लोग अयोग्य वस्तुओं की निरर्थक खोज में कुचले जाते हैं, जबकि अन्य किसी अथाह मूल्य की चीज के लिए प्रयास करते हुए नष्ट हो जाते हैं। फिर भी, उनके प्रयास अक्सर उस चीज की ओर ध्यान आकर्षित करते हैं जो वे चाहते थे और उनके उत्तराधिकारी वहाँ सफल होते हैं जहाँ वे असफल रहे। इन व्यक्तियों ने व्यर्थ परिश्रम नहीं किया है; हालाँकि वे अपने इच्छित ख़ज़ाने का पता नहीं लगा पाए, लेकिन उन्होंने अपना अस्तित्व दुनिया के सामने प्रकट कर दिया है।

अक्सर, हम न केवल अपने लिए बल्कि आने वाली पीढ़ियों के लिए भी खजाना जमा करते हैं। यदि हमारा श्रम केवल हमारे लिए होता, तो प्रयास के लिए प्रेरणा बहुत कम होती। हम वास्तव में तब जीते हैं जब हमें पता चलता है कि हम सार्वभौमिक शक्ति की हमेशा बदलती रहने वाली अभिव्यक्तियाँ हैं, जो महान ब्रह्मांड से अविभाज्य हैं।

भावी पीढ़ी के लिए काम करते समय, हम अपने लिए काम करते हैं। दुनिया को समृद्ध करने के लिए छिपे हुए ख़ज़ानों को सामने लाकर, हम इसे मानवता के लिए एक खुशहाल जगह बनाते हैं। हम, प्रकृति के अविनाशी तत्वों के रूप में, जो बोएंगे वही काटेंगे और अपने प्रयासों का फल भावी पीढ़ियों के साथ साझा करेंगे।

जीवन का भण्डार आश्चर्यों से भरा है: अज्ञात मार्ग, बंद दरवाजों वाली रहस्यमयी मीनारें और कालकोठरियाँ जिनमें ऐसे रहस्य हैं जिन्हें दफ़न कर देना ही बेहतर है। वहाँ खड़ी सीढ़ियाँ हैं जिनसे कमजोर दिल वाले लोग दूर रहते हैं लेकिन धैर्यवान पर्वतारोहियों को दुर्लभ खजानों से भरे कक्षों से पुरस्कृत करते हैं। सचमुच, "मनुष्यों को जो खुशियाँ उनका इंतजार करती हैं उनमें से आधी भी कभी नहीं बताई गई हैं। "

जीवन की समृद्ध संपत्ति में भाग लेना, "खटखटाओ और यह तुम्हारे लिए खोला जाएगा" का निमंत्रण प्राप्त करना, "खोजो और तुम पाओगे" का निमंत्रण प्राप्त करना एक महान विशेषाधिकार है। फिर भी, हमारे पास इतनी संपत्ति होने के बावजूद, हमारे पास अक्सर मानसिक और भौतिक संपत्ति की कमी क्यों होती है? उत्तर सरल है: हम नहीं जानते कि अपनी अंतर्निहित शक्तियों का उपयोग कैसे करें या यदि हम करते हैं, तो हम उस ज्ञान को लागू करने में विफल रहते हैं। दुनिया धीरे-धीरे इन छिपी हुई शक्तियों के प्रति जागरूक हो रही है, लेकिन उसे अभी भी आश्चर्य होता है कि क्या यह सब सिर्फ एक सपना है।

हम धीरे-धीरे महसूस कर रहे हैं कि भौतिक संसार मानसिक संसार की एक दृश्य अभिव्यक्ति है जिसमें हम वास्तव में रहते हैं और जहाँ हमारी उपलब्धि की सबसे बड़ी शक्तियां निहित हैं। हम खुद को नीची नजरों और दुखते दिलों के साथ, अपने दुखों से चिपके हुए और कर्तव्य की गलत भावना से उन पर विचार करते हुए खुशी को आकर्षित नहीं कर सकते हैं।

इसके विपरीत, यदि हम भाग्य का निडरता और निडरता से सामना करते हैं, उसकी भौहें चढ़ाकर हमारी ओर देखने पर हंसते हैं, तो हम उसे हम पर हंसते हुए पाएँगे। एक खुश व्यक्ति ख़ुशी बिखेरता है, जो ब्याज के साथ वापस आती है। यह याद रखना महत्वपूर्ण है कि निराशाजनक चेहरे से बचने के लिए ख़ुशी अपने रास्ते से चली जाएगी। इसलिए, यदि हम खुश रहना चाहते हैं, तो हमें बस खुश महसूस करना चाहिए, भले ही दृष्टिकोण कितना भी निराशाजनक क्यों न लगे। अगर हम आत्मविश्वास से कह सकें, "यह मेरी आत्मा के साथ ठीक है," और दृढ़ता से उस भावना को पकड़ कर रखें, तो मुसीबतें इससे पहले ही गायब हो जाएँगी जैसे कि जादू से।

यह विश्वास करना मूर्खता है कि हमारे जीवन की खुशियाँ बीत चुकी हैं और अतीत की फूलों भरी राहों में उदासीन होकर भटकते रहना मूर्खता है। आशापूर्ण हृदयों से आगे देखने

पर जैसे-जैसे हम आगे बढ़ेंगे, हमें एक ऐसी शक्ति की अकल्पनीय खुशियाँ और अद्भुत अभिव्यक्तियाँ मिलेंगी जो हमेशा इच्छुक अनुयायी को उन रास्तों पर ले जाती हैं जहाँ नई खुशियाँ इंतजार करती हैं। किसी को कभी भी खुद को इतना बूढ़ा या दुर्भाग्यशाली नहीं समझना चाहिए कि उसके पास प्यार करने लायक दोस्त न हों और जिस दुनिया में हम रहते हैं, उससे जुड़े रहें।

जबकि हमारी चेतना ब्रह्मांड की छिपी हुई शक्तियों को अधिक व्यापक रूप से समझने के लिए विस्तारित होती है, हम भौतिकवाद से पीछे नहीं हट रहे हैं। इसके बजाय, हम भौतिकवाद को अपने साथ सूक्ष्म शक्ति के इस क्षेत्र में ले जा रहे हैं, क्योंकि ब्रह्मांड के भौतिक भाग से अधिक रहस्यमय कुछ भी नहीं है, जो स्वयं अकल्पनीय शक्ति की सक्रिय ऊर्जा की अभिव्यक्ति है। हमारी आत्मिक शक्तियाँ हमारे शरीर से अधिक रहस्यमय और विस्मयकारी नहीं हैं, वे अद्भुत उपकरण जिन पर बाहरी ताकतें लगातार काम कर रही हैं, "जैसे वीणा इओलियन पर ज़ेफिर बजाता है। "

जीवन हमें ये उल्लेखनीय मानसिक और शारीरिक शक्तियाँ प्रदान करके भव्य अवसर प्रदान करता है, हालाँकि हममें से कई लोग खुद को उस लड़के की स्थिति में पाते हैं जिसने लॉटरी में एक हाथी जीता था और यह नहीं जानता था कि इसके साथ क्या करना है। हालाँकि जैसे हमने चलना सीखा, उतार-चढ़ाव के बावजूद, हम जीना सीखते हैं, धीरे-धीरे अपने पास मौजूद शक्तियों का उपयोग करने की कला में महारत हासिल करते हैं। इससे अधिक आकर्षक या खेती योग्य कोई कला नहीं है।

"मानव जाति का उचित अध्ययन मनुष्य ही है। " लेकिन जब मनुष्य खुद का अध्ययन करना शुरू करता है, तो उसे एहसास होता है कि उसे उससे कहीं आगे पहुँचना होगा जो वह पहले खुद को समझता था। वह महज एक आत्मा और शरीर नहीं है जो कुछ समय के लिए एक साथ बंधे हैं, बल्कि, मैं दोहराता हूँ, सार्वभौमिक शक्ति की एक निरंतर बदलती अभिव्यक्ति है।

❋❋❋

# प्रेम की ताकत

प्यार एक ऐसा शब्द है जिसका लंबे समय से दुरुपयोग किया जाता रहा है। इसका अर्थ व्यक्ति की समझ के आधार पर बहुत भिन्न होता है। ईसाइयों के लिए, यह पाप से पीड़ित दुनिया के लिए भगवान के प्यार का प्रतिनिधित्व करता है, जिससे उन्हें पाप का बोझ उठाने के लिए अपने एकमात्र बेटे का बलिदान देना पड़ता है। कई लोगों के लिए, यह एक सार्वभौमिक शक्ति का प्रतीक है जो पाप से थके हुए और पाप से शापित लोगों को पवित्रता और खुशी के स्वर्ग में ले जाने के लिए हमेशा तैयार रहती है, अगर वे इसे आकर्षित करना चाहते हैं तो उन्हें घेर लेते हैं।

एक दयालु माता-पिता के लिए, इसका तात्पर्य एक प्यारे बच्चे के प्रति निःस्वार्थ भक्ति से है; प्यारे बच्चे के लिए, इसका अर्थ है सुरक्षा और स्नेह प्रदान करने वाले के प्रति लगाव; भाई, मित्र या पड़ोसी के लिए, इसका एक और अर्थ होता है; जबकि प्रेमी के लिए, इसका मतलब भावुक कल्पना से लेकर "भव्य जुनून" तक कुछ भी हो सकता है।

प्यार एक "पुरानी कहानी है जो हमेशा नई रहती है। " पक्षियों ने इसे गाया है, हवाओं ने इसे फुसफुसाकर सुना है और कवियों ने जीवन की शुरुआत से ही इसे विभिन्न धुनों में गाया है। कुछ विलाप करते हैं, "प्यार क्या है, पश्चाताप के अलावा?"

दूसरे शोक मनाते हैं, "बाज़ की आंखें कबूतर की तरह होती हैं। आह, प्यार! झूठी, झूठी, विश्वासघाती प्यार! उन सभी चीजों का दुश्मन, जिन पर मानव जाति दया नहीं कर सकती! सबसे झूठा उसके लिए जो सबसे अधिक विश्वास तुम्हारे साथ रखता है!"

जबकि अन्य लोग ख़ुशी से गाते हैं,

"सुंदरता कई आँखों में होती है; लेकिन प्यार तुम्हारी आँखों में होता है, मेरी नोरा क्रेना!" और "ओह, यह प्यार है, यह प्यार है, यह प्यार है, इससे दुनिया घूमती है!"

प्रत्येक अपील प्रत्येक पाठक के साथ उनके अनुभवों और समझ के आधार पर अलग-अलग तरह से जुड़ती है; कुछ लोग पुस्तक को त्याग सकते हैं और आश्चर्य कर सकते हैं कि ये कवि किस बारे में प्रलाप कर रहे हैं। कवियों की बात करें तो, बाइबिल से जुड़ी एक प्रेम कविता "सॉन्ग ऑफ सोलोमन" के अज्ञात लेखक ने प्रेम की शक्ति को व्यक्त करने में आधुनिक कवियों को पीछे छोड़ दिया और जब उन्होंने कहा, तो इसके अर्थ की गहरी समझ का पता चला।

"क्योंकि प्रेम मृत्यु के समान प्रबल है। "

"बड़े जल प्रेम को नहीं बुझा सकते और नदियाँ इसे अभिभूत नहीं कर सकतीं। "

"यदि कोई व्यक्ति प्रेम के लिए अपना सारा धन अर्पित कर दे, तो उसे केवल भ्रम ही प्राप्त होगा। "

सच्चे प्रेम के बारे में ये सत्य आज भी उतने ही मान्य हैं जितने तीन हजार साल पहले लिखे गए थे और आज भी तीन हजार साल तक कायम रहेंगे, क्योंकि सत्य अनंत काल से परे है।

प्यार का सबसे सुखद पहलू यह है कि इसे पैसों से नहीं खरीदा जा सकता। इसे मुफ़्त में दिया जाना चाहिए या बिल्कुल नहीं दिया जाना चाहिए। यहाँ तक कि सबसे गरीब भिखारी जिसने इस उल्लेखनीय शक्ति की ताकत का अनुभव किया है, वह इसे दुनिया की सारी संपत्ति से नहीं बदलेगा। "क्योंकि प्रेम मृत्यु के समान प्रबल है। "

फिर भी, प्रेम की शक्ति पूरी तरह से खुशी, जीवन और प्रकाश के लिए है। स्वार्थ प्रेम में कोई भूमिका नहीं निभाता है, क्योंकि स्वयं आराधना की वस्तु में पूरी तरह लीन है। किसी प्रियजन के लिए मरने की इच्छा कोई खोखला या अतिरंजित दावा नहीं है। कई लोगों ने अजनबियों को बचाने के लिए अपने जीवन का बलिदान दिया है, जबकि सच्चा प्यार सहज रूप से किसी प्रियजन और किसी भी खतरे के बीच खुद को रखता है।

प्रेम किसी भी त्याग को बड़ा नहीं मानता यदि वह प्रिय की ख़ुशी को बढ़ाता है। यहाँ तक कि ईर्ष्या, वह "हरी आंखों वाला राक्षस", सच्चे, निःस्वार्थ प्रेम के प्रभाव से वश में हो जाती है। "क्योंकि प्रेम मृत्यु के समान प्रबल है। "

यह उन अत्याचारों से प्यार करने के लिए सबसे घृणित बदनामी है जिसके लिए इसे कभी-कभी जिम्मेदार ठहराया जाता है। जो व्यक्ति प्रेम के नाम पर हिंसा का सहारा लेता है वह घोर धोखेबाज है। ऐसे कार्य प्रेम से प्रेरित नहीं होते बल्कि अतार्किक घृणा और स्वार्थ से प्रेरित होते हैं।

प्रेम कभी भी हिंसा या अपमान की वकालत नहीं करता। ऐसा करना अपने ही विनाश को आमंत्रित करना होगा, क्योंकि ऐसे माहौल में प्यार नहीं पनप सकता। नफरत और ईर्ष्या प्यार के कट्टर दुश्मन हैं, जो प्यार का निर्माण करता है उसे लगातार नष्ट करने की कोशिश करते हैं। उनकी शक्ति बुराई के लिए है, जबकि प्रेम की शक्ति अच्छाई के लिए है। प्रेम आत्मा की शक्ति का एक पहलू है, एक जीवन देने वाली शक्ति है जो रक्त को शुद्ध और मजबूत करती है, ठीक उसी तरह जैसे खुश और स्वस्थ विचार मस्तिष्क के धूसर पदार्थ को प्रभावित करते हैं।

प्रेम सर्वोत्तम औषधि है, जबकि घृणा और क्रोध के विचार और भावनाएँ अनिवार्य रूप से शरीर की भलाई को नुकसान पहुँचाती हैं।

प्रेम से रहित व्यक्ति से अधिक दुःखदायी शायद कोई दृष्टि नहीं है। जानवर इस आत्मिक शक्ति का उल्लेखनीय प्रदर्शन करते हैं, उदाहरण के लिए कुत्ता जो अपने दुर्व्यवहारी मालिक का हाथ प्यार से चाटता है, मालिक से भी बढ़कर बड़प्पन और संतुष्टि प्रदर्शित करता है। हालाँकि मनुष्यों में अप्रिय से प्रेम करने की समान क्षमता नहीं हो सकती है, फिर भी वे हमेशा अपने स्नेह के योग्य कुछ पा सकते हैं और उस चीज के प्रति घृणा रखने से बच सकते हैं जो उन्हें विकर्षित करती है।

प्रेम में फीके रंग को फिर से जीवंत करने, सुस्त आंखों में चमक लाने, थके हुए कदमों में ऊर्जा भरने और दुखी दिल में खुशी लाने की शक्ति है। इसमें राष्ट्रों के भाग्य को आकार देने, शत्रुता और क्रोध पर विजय पाने, द्वेष और द्वेष को विफल करने, जीवन की सबसे मामूली परिस्थितियों पर भी एक उज्ज्वल आभा डालने और सांसारिक संघर्षों के बीच एक स्वर्ग बनाने की क्षमता है।

❋ ❋ ❋

# एक सुखद चेतना

किसी ने एक बार टिप्पणी की थी कि जीवन के बिना, ब्रह्मांड बर्बाद हो जाएगा; हालाँकि, चेतना के बिना, जीवन स्वयं बर्बाद हो जाएगा।

एक आनंदमय चेतना प्रकृति के प्रयासों की सर्वोच्च उपलब्धि के रूप में खड़ी है। एक आनंदमय चेतना! यह युगों-युगों से देखे गए सभी चमत्कारों के पीछे के मूल उद्देश्य का

प्रतिनिधित्व करता है। यह पुरातन धारणा कि "मनुष्य को शोक मनाने के लिए बनाया गया था" को आधुनिक नैतिक संवेदनाओं के लिए अनुपयुक्त अन्य पुरानी बयानबाजी के साथ-साथ इतिहास के कूड़ेदान में भेजा जा रहा है। मनुष्य सतत दुःख के लिए नहीं बना है; बल्कि, उनका इरादा अतीत पर निराशा में डूबे रहने के बजाय, भविष्य की ओर आशावादी रूप से देखने का था। यह दावा करना कि कोई आशा नहीं है, बेतुका है। आशा अनंत काल तक बनी रहती है "जब तक जीवन है। "

यह स्थायी कहावत कि "आशा मानव स्तन में अनंत काल तक झरती है" इस बात का प्रमाण है कि आशा औचित्यहीन नहीं है। निश्चित रूप से, अगर आशा करने के वैध कारण नहीं होते तो प्रकृति हमारे भीतर यह मीठी आशा नहीं जगाती और न ही इसे पूरा करने के साधन उपलब्ध कराए बिना वह मनुष्य के भीतर एक आत्मा-उत्तेजित इच्छा पैदा करती। फिर भी, मनुष्य को सक्रिय रूप से इन साधनों की खोज करनी चाहिए; उसे स्वतंत्र रूप से सत्य का अनुसरण करना चाहिए और यदि वह ईमानदारी से प्रयास करता है, तो सहायता मिलेगी, क्योंकि ईश्वर तब तक मनुष्य की सहायता नहीं कर सकता जब तक वह स्वयं अपनी सहायता के लिए कदम नहीं उठाता।

जैसे ही वह अपनी सीमित क्षमता के भीतर प्रयास करके स्वयं की सहायता करना शुरू करता है जैसे-जैसे वह आगे बढ़ेगा उसे सहायता मिलेगी वह सहायता जो अप्रत्याशित रूप से और आवश्यकता पड़ने पर आती है।

आपदाएँ अपरिहार्य हैं; तूफान ने मानस और भौतिक क्षेत्र दोनों को घेर लिया है। हालाँकि, इस तरह की मानसिक उथल-पुथल से उत्पन्न होने वाली भावना की तीव्रता का एक उद्देश्य है। वे आत्मा को आने वाली खुशी के लिए तैयार करने का काम करते हैं। "सबसे अंधकारमय समय भोर से ठीक पहले का होता है। "

चेतना सदैव सुख की स्थिति में नहीं रह सकती, क्योंकि इसका अस्तित्व ही परिवर्तन पर निर्भर करता है। थॉमस मूर ने वाक्पटुता से इस सच्चाई को पकड़ते हुए कहा:

*"हमने साथ में कुछ ख़ुशी के पल बिताए हैं,*
*लेकिन ख़ुशी को अक्सर अपने पंख बदलने चाहिए;*

*और वसंत लेकिन निराशाजनक मौसम होगा*

*अगर हमारे पास वसंत के अलावा और कुछ नहीं होता। "*

चेतना को उपयुक्त रूप से मन की खिड़की के रूप में वर्णित किया गया है, जिसके माध्यम से वह बाहर की ओर देखती है और अपने हाथों के कार्यों को समझते हुए, संबंधित दिमागों के साथ संचार करती है। इच्छा, विचार और भावना की तरह, चेतना मन के एक उपकरण के रूप में कार्य करती है, जिसे हम केवल उस रूप में परिभाषित कर सकते हैं जिसके बारे में हम सचेत हैं और जिसे हम प्रकृति की हर चीज के संबंध में पहचानते हैं।

चेतना आत्मा की शक्तियों के योग का प्रतीक है। सचेतन होना जानना है, लेकिन हम महसूस किए बिना नहीं जान सकते और हम जाने बिना महसूस नहीं कर सकते। हमारी समझ सीमित हो सकती है, लेकिन कम से कम हम जानते हैं कि हम भावनाओं का अनुभव करते हैं और महसूस करना और जानना इच्छाशक्ति है। यहाँ तक कि एक शिशु भी जानता है कि वह क्या महसूस करता है, जैसा कि उसके हार्दिक रोने से पता चलता है जो मांग करता है कि ये भावनाएं सुखद हों।

हम महसूस करते हैं, हम जानते हैं, हम करेंगे। उस हद तक, हम सचेत हैं और जानने, महसूस करने और इच्छा की यह चेतना मस्तिष्क की कोशिकाओं में उत्तेजित गति की दर से उत्पन्न होती है। इन दरों को कुछ तंत्रिकाओं (अभिवाही) द्वारा मस्तिष्क कोशिकाओं तक पहुंचाया जा सकता है, ऑप्टिक तंत्रिका आवेगों के परिणामस्वरूप प्रकाश की चेतना होती है और श्रवण तंत्रिका आवेगों से ध्वनि की पहचान होती है। चेतना की इस अवस्था को दर्शाने के लिए हम कहते हैं, "मैं सुनता हूँ"। अभिवाही तंत्रिकाओं द्वारा मस्तिष्क कोशिकाओं तक पहुंचाई गई गति की दरों में अंतर के आधार पर संवेदनाएं भिन्न-भिन्न होती हैं, जिन्हें अभिवाही उत्तेजनाओं के रूप में जाना जाता है।

हालाँकि, ये सभी दरें शरीर के बाहरी उत्तेजनाओं जैसे प्रकाश और ध्वनि, के परिणामस्वरूप नहीं होती हैं। शरीर के भीतर, तंत्रिका केंद्र होते हैं जो मस्तिष्क कोशिकाओं तक आवेगों को संचारित करते हैं, जो ईथर और वायु तरंगों से प्रेरित संवेदी आवेगों से भिन्न होते हैं।

इस प्रकार, हम न केवल शरीर के बाहर बल्कि उसके भीतर भी सक्रिय शक्तियों से अवगत हैं। यह मान्यता कि हमारे तंत्रिका केंद्र शक्ति के केंद्र के रूप में कार्य करते हैं, ने हमारी अव्यक्त शक्तियों, गुप्त शक्तियों आदि के बारे में बहुत सी अटकलें लगाई हैं। आंतरिक शक्तियाँ, जो वर्तमान में बहुत चर्चा का विषय हैं, हमारे आसपास की बाहरी शक्तियों से अधिक रहस्यमय या "गुप्त" नहीं हैं।

सदियों से, मन एक ऐसे जीव को विकसित करने में कामयाब रहा है जो पदार्थ को अलग-अलग तरीके से व्यवस्थित करके उच्च स्तर की चेतना का दावा करता है, जिसके परिणामस्वरूप गति की अलग-अलग दरें होती हैं और इन दरों से प्राप्त ऊर्जा के रूपों को ऊर्जा के अन्य रूपों में परिवर्तित करने की क्षमता होती है।

कशेरुकियों में उच्च मस्तिष्क केंद्रों को शामिल करने से पहले, रीढ़ की हड्डी के तंत्रिका केंद्र केवल चेतना का एक प्राथमिक स्तर प्रदान करते थे, जो अस्तित्व और तत्काल परिवेश की पहचान तक ही सीमित था।

यह मुश्किल से ही विश्वसनीय लगता है कि कोई भी गंभीरता से यह तर्क देगा कि यदि हम सचेत नहीं होते, तो सचेत होने के लिए कुछ भी नहीं होता कि सब कुछ केवल चेतना की स्थिति के रूप में मौजूद है। फिर भी, ऐसे दावे ईमानदारी से किए गए हैं। शक्तियाँ चेतना के बिना भी प्रकृति में काम करती रहेंगी, जो कि मस्तिष्क की कोशिकाओं में इन शक्तियों की गति की गति का परिणाम मात्र है, ऐसी दरें जो केवल तंत्रिकाओं और रक्त की क्रिया के माध्यम से प्राप्त की जा सकती हैं, जैसा कि मस्तिष्क स्वयं "हो सकता है" दर्द पैदा किए बिना काटा, जलाया या विद्युतीकृत किया गया। "

मस्तिष्क में रक्त का कार्य करना चेतना के लिए आवश्यक है; इसके अचानक बंद होने से बेहोशी आ जाती है और चेतना अस्थायी रूप से रुक जाती है।

व्यक्तित्व शारीरिक जीव द्वारा आदेशित चेतना की डिग्री का प्रतिनिधित्व करता है। विचार आते हैं और चले जाते हैं और मस्तिष्क के भूरे तंत्रिका-पदार्थ पर अपनी उपस्थिति की अमिट छाप छोड़ जाते हैं। चेतना की एक ही अवस्था को लंबे समय तक बनाए रखना संभव नहीं है। क्या इच्छाशक्ति को एक विचार या विचारों की धारा की निरंतर पुनरावृत्ति की अनुमति

देनी चाहिए, मस्तिष्क "असंतुलित" हो जाता है। मस्तिष्क में परिवर्तन होता है, जिससे व्यक्तित्व में परिवर्तन आता है। विचार लगातार मस्तिष्क को और परिणामस्वरूप, व्यक्तित्व को आकार देता है। इसलिए, हम अपने चरित्रों के निर्माता स्वयं हैं। हमें सोचना चाहिए हालाँकि इच्छाशक्ति उस शक्ति को रोक नहीं सकती जिसे हम विचार कहते हैं, यह वांछित परिस्थितियों को विकसित करने के लिए इसका संचालन और उपयोग कर सकती है।

यह दावा कि हम कभी भी पूरी तरह सचेत नहीं होते, दिलचस्प है और इस पर चिंतन की आवश्यकता है। हमें लगता है—हम जानते हैं—हम करेंगे। उस हद तक हम सचेत हैं हालाँकि, क्या हमने इन शक्तियों का उनकी पूरी क्षमता से उपयोग किया है?

कोई भी दो व्यक्तित्व एक जैसे नहीं होते क्योंकि कोई भी दो व्यक्ति बिल्कुल समान विचार, भावनाएँ और इच्छाशक्ति नहीं रख सकते हैं और इस प्रकार बिल्कुल उसी स्तर पर चेतना का अनुभव नहीं कर सकते हैं। इसके अलावा, कोई भी व्यक्ति लंबे समय तक स्थिर अवस्था या चेतना के स्तर पर नहीं रहता है। अनुभव के माध्यम से अर्जित ज्ञान में वृद्धि, हमारे अस्तित्व के लिए अपरिहार्य है। पुरानी कहावत, "जियो और सीखो," इस वास्तविकता को संक्षेप में दर्शाती है।

हालाँकि, सबसे बुद्धिमान व्यक्ति के पास भी जो ज्ञान होता है वह उस ज्ञान की तुलना में फीका होता है जो उनकी समझ से परे होता है। हमें अपने आस-पास के लोगों के विचारों और भावनाओं के बारे में बहुत कम जानकारी होती है, जिससे अक्सर अनजाने में हमारे प्रियजनों को ठेस पहुँचती है।

इच्छाशक्ति का कम उपयोग एक स्पष्ट वास्तविकता है और भावनाओं की शक्ति को शायद ही कभी स्वीकार किया जाता है कि यह वास्तव में क्या है एक शक्तिशाली शक्ति जिसे माना जाना चाहिए।

वर्षों तक, हम अपनी भावनाओं की गहराई से अनभिज्ञ होकर नीरस तरीके से चलते रह सकते हैं, जब तक कि परिस्थितियों का कुछ यादृच्छिक सेट हमें पहले से अज्ञात भावनाओं के प्रति जागृत नहीं कर देता। ये भावनाएँ हमें कवि के शब्दों को बेहतर ढंग से समझने की अनुमति देती हैं:

*"प्यार की कुछ गहराइयाँ होती हैं जिन्हें हम नहीं जान सकते,*
*जब तक हम संकीर्ण समुद्र को पार नहीं कर लेते।*
*आनंद की कुछ ऊँचाइयां हैं जिन तक हम नहीं पहुँच सकते,*
*जब तक हम आपके साथ शांति से विश्राम नहीं कर लेते।*

मनोवैज्ञानिक एक चेतन अवस्था के अस्तित्व को पहचानते हैं जो जाग्रत चेतना से अलग है लेकिन उससे घनिष्ठ रूप से जुड़ी हुई है अवचेतन मन। चेतना में श्रेष्ठ होते हुए भी, यह जाग्रत चेतना की इच्छा के अधीन है और उसके उद्देश्यों को प्राप्त करने में महत्वपूर्ण भूमिका निभाता है। यह रहस्यमय "अवचेतन मानसिकता" कई मायनों में आदत से गहरी समानता रखती है।

जब हम सोते हैं तो अवचेतन मन हमारे जाग्रत विचारों से प्राप्त सुझावों पर कार्य करता है। इसलिए, यह सुनिश्चित करना आवश्यक है कि सोते समय हमारे विचार सकारात्मक और रचनात्मक हों। यदि प्रेम, खुशी और आशा से भरा हुआ है, तो अवचेतन मन हमारे चारों ओर अनुकूल परिस्थितियों को प्रकट करने के लिए अपनी रहस्यमय शक्ति का उपयोग करता है। यदि शुरुआती प्रयास विफल हो जाते हैं, तो हमें प्रयास जारी रखना चाहिए, क्योंकि असफलताएं अक्सर सफलता का मार्ग प्रशस्त करती हैं।

यदि ख़ुशी शुरू में हमसे दूर रहती है या अप्रत्याशित तरीकों से आती है तो निराशा हमें नहीं घेरनी चाहिए। हमें अपने तात्कालिक कर्तव्यों पर ध्यान केंद्रित करते हुए उनकी पूर्ति के तरीके को व्यवस्थित करने के लिए भाग्य पर भरोसा करना चाहिए, भले ही वे कितने भी तुच्छ क्यों न लगें। भाग्य सौदे के अपने हिस्से को पूरा करने में काफी सक्षम है।

इसके विपरीत, गर्व, शीतलता या अलगाव के विचारों और भावनाओं के साथ सो जाना हमारे और दूसरों के बीच बाधाएं खड़ी करता है, अकेलेपन और अलगाव को बढ़ावा देता है। कोई भी सफलता सार्थक नहीं है अगर उसमें प्यार और खुशी की कमी हो।

दूसरी ओर, देखभाल, चिंता या नकारात्मकता के बोझ तले दबे दिमाग के साथ सोने से शक्तिशाली ताकतें सक्रिय हो जाती हैं जो दुख को तब तक बनाए रखती हैं जब तक कि

विद्रोही भावनाओं से प्रेरित एक मानसिक तूफान राहत नहीं देता, भले ही कभी-कभी कठिनाई के माध्यम से।

अतीत के कष्टों या दूसरों के दुर्भाग्य के बारे में चिंता करना एक गंभीर पाप है, इसमें कोई गुण नहीं है और यह पूरी तरह से हानिकारक है। इससे कोई खुशी नहीं मिलती और असहनीय उपद्रव होता है। प्रसन्न चेतना जीवन का अंतिम उद्देश्य है, प्रत्येक जीवित प्राणी की उचित विरासत है।

❋ ❋ ❋

# परिवर्तन की आवश्यकता

परिवर्तन अस्तित्व का एक अंतर्निहित पहलू है। यह वह टोल है जो हम चेतना के उपहार के लिए चुकाते हैं, वह अनमोल रत्न जिसके लिए प्रकृति मंच तैयार करती है। जिस क्षण से हम अपनी पहली साँस लेते हैं, उससे लेकर आखिरी साँस तक, हमारा जीवन हमारे विकास को चिह्नित करने वाले परिवर्तनों की एक सतत श्रृंखला है। यह विकास परंपरागत रूप से परिपक्वता कहे जाने वाले विकास से आगे भी जारी रहता है, क्योंकि जब तक हम जीवित हैं तब तक हम परिपक्व होते रहते हैं।

उम्र बढ़ने का भी एक उद्देश्य होता है, ठीक वैसे ही जैसे युवावस्था का होता है। उम्र उन लोगों के लिए अकल्पनीय अवसर प्रदान करती है जो इसे केवल मृत्यु की थकाऊ प्रतीक्षा के रूप में देखते हैं। यह याद रखना महत्वपूर्ण है कि आत्मा कभी बूढ़ी नहीं होती। जब हम जीवन में रुचि खो देते हैं तभी हम विघटन को आमंत्रित करते हैं, क्योंकि परिवर्तन अपरिहार्य है। यदि हम अपनी शक्तियों का उपयोग करने में विफल रहते हैं, तो हम प्रकृति के विनाशकारी तत्वों के आसान शिकार बन जाते हैं।

कुछ बुजुर्ग व्यक्तियों ने युवा और अधिक भाग्यशाली लोगों के प्रति केवल घृणा और ईर्ष्या रखते हुए अपनी निराशाओं को अपने जीवन में कड़वाहट आने दी है। वे इस तथ्य को नजरअंदाज कर देते हैं कि युवाओं को भी अपने स्वयं के परीक्षणों और कठिनाइयों का सामना करना पड़ता है, जो उतना ही बोझिल हो सकता है, चाहे वास्तविक हो या काल्पनिक। "बुजुर्गों के साथ नरमी से पेश आएँ, क्योंकि उन्होंने बहुत दूर तक यात्रा की है और युवाओं के साथ दयालु रहें, क्योंकि उन्हें आगे की लंबी यात्रा करनी है। " मैं इस उत्कृष्ट सलाह के प्रवर्तक को नहीं जानता, लेकिन यह एक सुंदर भावना को समाहित करता है।

ऐसे रमणीय बुजुर्ग व्यक्ति हैं जिन्होंने गुजरते वर्षों के बदलावों और निराशाओं के बावजूद युवा और आशावान दिल बनाए रखा है पुरुष और महिलाएं जो युवा और बूढ़ों के लिए समान रूप से आकर्षक साथी हैं। ऐसा नहीं है कि हमेशा सबसे कठिन अनुभव वाले लोग ही कड़वाहट पालते हैं; अधिकतर, यह वे लोग होते हैं जो केवल अपने लिए जीते हैं और जीने के आनंद से वंचित रह जाते हैं।

हमारे शरीर की प्रत्येक कोशिका की जीवन शक्ति निरंतर आदान-प्रदान पर निर्भर करती है देना और प्राप्त करना, अपशिष्ट को बाहर निकालना और नई सामग्री से पुनः भरना। इसी प्रकार, हमारे जीवन में देने और प्राप्त करने का एक चक्र शामिल होना चाहिए। जैसे ही हम दुनिया को अपना सर्वश्रेष्ठ देते हैं, बदले में हमें प्राप्त होता है। जिस प्रकार सक्रिय कोशिकाएँ मजबूत होती हैं, उसी प्रकार जब हम पारस्परिकता के नियम का पालन करते हैं तो हमारा जीवन समृद्ध और स्फूर्तिवान होता है।

कुछ लोग यह तर्क दे सकते हैं कि वे प्राप्त किए बिना देते हैं, लेकिन यह देने का एक मूर्खतापूर्ण तरीका सुझाता है। जो लोग बुद्धिमानी से देते हैं वे हमेशा प्राप्त करते हैं, यदि तुरंत नहीं तो अंततः। इसके विपरीत, ऐसे लोग हैं जो कुछ भी नहीं देते हैं फिर भी प्राप्त न करने की कमी पर विलाप करते हैं और ऐसे लोग हैं जो बिना दिए बहुत कुछ प्राप्त करते प्रतीत होते हैं। हालाँकि, अंत में उन्हें अक्सर भारी कीमत चुकानी पड़ती है।

गतिविधि जीवन की आधारशिला है; ठहराव मृत्यु की ओर ले जाता है, एक अलग प्रकृति की नई गतिविधियों के लिए मार्ग प्रशस्त करता है। जिस प्रकार जल वाष्प समुद्र से उठता है, ठंडी हवा में संघनित होता है और चक्र को कायम रखते हुए वापस पृथ्वी पर गिरता है, उसी प्रकार हम भी परिवर्तन से गुजरते हैं। स्थायी परिस्थितियों की अपेक्षा करना अवास्तविक है; इस प्रकार, चीजों की क्षणिक प्रकृति को पहचानना और परिवर्तन द्वारा प्रस्तुत अवसरों का लाभ उठाना समझदारी है।

अवसर एक बार दस्तक दे सकता है, लेकिन वह हमसे कभी दूर नहीं होता। यदि हम ईमानदारी से इसकी तलाश करें तो हम इसे पा लेंगे। यदि अवसर हमारे पास नहीं आता है तो हमें उसका पीछा करना चाहिए। यदि हम परिवर्तन को अपना लें तो हमारा जीवन उज्ज्वल

और खुशहाल होगा। प्रकृति का इरादा नहीं था कि हम नीरस, नीरस जीवन जियें। भोजन और कपड़ों की तरह, बदलाव भी हमारे लिए आवश्यक है ताकि हम अपना सर्वश्रेष्ठ प्रदर्शन कर सकें और अपने जीवन का अधिकतम लाभ उठा सकें।

कभी-कभी हम बदलाव का स्वागत करते हैं, जबकि अन्य समय में, हम जिसे अवांछनीय मानते हैं, उसके खिलाफ विद्रोह करते हैं, प्रकृति की बुद्धिमत्ता पर कड़वाहट के साथ सवाल उठाते हैं। स्थितियाँ लगातार विकसित हो रही हैं शक्तिशाली व्यक्ति गिरते हैं, निम्न स्तर का उत्थान होता है, शहर लुप्त हो जाते हैं, आविष्कार क्रांति करते हैं और जीवन और मृत्यु प्रकृति की माँगों के सतत परिवर्तन को बनाए रखने के लिए सहयोग करते हैं।

ऊर्जा सदैव कार्यशील रहती है और शक्ति का जो अद्भुत प्रदर्शन हम देखते हैं वह ऊर्जा के परिवर्तनों का परिणाम है। टेलीफोन जैसे आधुनिक चमत्कार इस बात का उदाहरण देते हैं कि हमारे अस्तित्व को बढ़ाने के लिए ऊर्जा को एक रूप से दूसरे रूप में कैसे परिवर्तित किया जा सकता है।

अपने जीवन के परिवर्तनों पर विचार करते हुए, हम उन परिवर्तनों से आश्चर्यचकित हैं जिन्होंने आज के जीवन को हमारे पूर्वजों के जीवन से काफी अलग बना दिया है। हम भविष्य की भविष्यवाणी नहीं कर सकते या उसमें होने वाले बदलावों का अनुमान नहीं लगा सकते। इसके बजाय, हमें प्रसन्न हृदयों से जीवन की सदैव गतिशील, सदैव बदलती धारा का स्वागत करना चाहिए क्योंकि यह हमें भविष्य के असीमित विस्तार की ओर प्रेरित करती है।

सब कुछ क्षणभंगुर है यह अपरिहार्य स्थिति है जिसके माध्यम से हम सचेतन अस्तित्व का अनुभव करते हैं।

❋❋❋

# भय की बुराइयाँ

डर के हानिकारक प्रभावों को कम करके नहीं आंका जा सकता। यह अफ़सोस की बात है कि हमें यह विश्वास करना सिखाया गया है कि "भगवान के भय" में रहना "दुनिया, शरीर और शैतान" से डरना तो दूर की बात है पुण्य है।

बच्चों को सज़ा के डर से व्यवहार करने के लिए मजबूर करने की प्रथा को तेजी से प्रतिकूल रूप से देखा जा रहा है। जो लोग बच्चों के प्रशिक्षण को प्रभावित करने की स्थिति में हैं वे गंभीरता से इस बात पर विचार कर रहे हैं कि इस मुद्दे को सर्वोत्तम तरीके से कैसे

संबोधित किया जाए। अवांछनीय गुणों को दूर करते हुए बच्चे के सर्वोत्तम गुणों का पोषण करने की चुनौती जटिल है, लेकिन किसी के मन में डर पैदा करना शायद ही कोई वांछनीय समाधान है।

डर, चाहे वह दुर्व्यवहार करने वाले बच्चे के लिए दंड की धमकी हो या शाश्वत दंड का भय, कभी भी किसी को नैतिक रूप से ईमानदार नहीं बना पाया है या उनकी अंतर्निहित बुराई को कम नहीं किया है। यहाँ तक कि जो लोग दूसरों के लिए शाश्वत दंड में विश्वास का दावा करते हैं वे अक्सर स्वयं ऐसे परिणामों से बचने की उम्मीद करते हैं।

मृत्यु के बाद के जीवन के बारे में अटकलें जैसे कि दुष्टों को कैसे दंडित किया जाएगा और अच्छे लोगों को पुरस्कृत किया जाएगा अक्सर इस जीवन में कथित अन्याय और बिना सजा वाले अपराधों से उत्पन्न होती हैं। हालाँकि, मृत्यु के बाद अंतहीन यातना की अवधारणा न तो न्याय प्रदान करती है और न ही सुधार। यह बर्बरता के उस समय की याद दिलाता है जब यातना और फाँसी आम बात थी।

जबकि इस तरह की क्रूरता के अवशेष बने हुए हैं, इमैनुएल आंदोलन जैसे आशावादी संकेत भी मौजूद हैं, जो वर्तमान में पाप और पीड़ा को संबोधित करने पर केंद्रित है। यह अलौकिक अस्तित्व की अस्पष्ट धारणाओं पर भरोसा करने के बजाय, यहीं और अभी मानवता के उत्थान के लिए प्राकृतिक शक्तियों को समझने और उपयोग करने के महत्व पर जोर देता है।

यह सौभाग्य की बात है कि पुण्य का अपना प्रतिफल है, क्योंकि मृत्यु के बाद अंतहीन यातना को कभी भी उचित नहीं माना जा सकता। ऐसा विचार अतीत की बर्बर प्रथाओं की याद दिलाता है, जो सौभाग्य से समय के साथ कम हो गई हैं।

प्रगति के बावजूद, बर्बरता की घटनाएं अभी भी होती हैं, जैसा कि विधर्मियों और ईशनिंदा करने वालों के खिलाफ हिंसा की वकालत करने वाले एक सेवानिवृत्त पादरी द्वारा व्यक्त की गई परेशान करने वाली भावनाओं से पता चलता है। इस तरह के दृष्टिकोण यीशु द्वारा दी गई करुणा और क्षमा की शिक्षाओं के साथ असंगत हैं।

निष्कर्षतः, भय का उपयोग आज्ञाकारिता को लागू करने या असहमति को दबाने के लिए एक उपकरण के रूप में नहीं किया जाना चाहिए। इसके बजाय, समाज को सभी व्यक्तियों के प्रति सहानुभूति, समझ और सम्मान पैदा करने का प्रयास करना चाहिए, चाहे उनकी मान्यताएं या कार्य कुछ भी हों।

पूर्ववर्ती शब्दों में जो व्यक्त किया गया है, उससे बड़ी कोई निन्दा नहीं हो सकती। भले ही ऐसे बयान देने वाला व्यक्ति इसे स्वीकार करने से इनकार कर सकता है, लेकिन उनके शब्दों में बर्बरता भरी होती है और उनमें ईसाई मूल्यों का कोई निशान नहीं होता है। यह अपने शिकार पर टोमहॉक लहराने वाले एक वहशी व्यक्ति के युद्ध के नारे जैसा दिखता है, जो कोई भी बड़ा अच्छा करने में असमर्थ है।

इसके विपरीत, इमैनुएल आंदोलन पाप और पीड़ा के मुद्दों को संबोधित करने में आशा की किरण का प्रतिनिधित्व करता है। यह उन ताकतों से पीड़ित लोगों के उत्थान के लिए वर्तमान में कार्रवाई पर जोर देता है जिन्हें वे समझ नहीं पाते हैं। बाद के जीवन की अस्पष्ट धारणाओं पर भरोसा करने के बजाय, चाहे वह स्वर्गीय हो या नारकीय, यह यहाँ और अभी की स्थितियों में सुधार करने पर ध्यान केंद्रित करता है।

जब अपराध, दुख और बीमारी के मूल कारणों पर ध्यान दिया जाएगा, तो निष्पादन जैसे चरम उपायों की आवश्यकता कम होगी। हिंसा और विनाश में संलग्न होने से केवल अपराध, अज्ञानता और दुख का चक्र बढ़ता है।

इमैनुएल आंदोलन की तुलना कुछ धर्मों की रक्तपिपासु प्रकृति से करने पर, यह स्पष्ट है कि यह मानवता के उत्थान के लिए अधिक वादा करता है।

अब समय आ गया है कि चर्च इस गहन सत्य को स्वीकार करे और सिखाए कि "ईश्वर हमारे साथ है। " इस तथ्य की अज्ञानता ने हमें संघर्ष और कलह की ओर धकेल दिया है, अपने जीवन को बचाने के निरर्थक प्रयासों में लगातार खुद को खोते रहे हैं।

जब हम समझ जाते हैं कि हम किसी भी बाहरी परिस्थिति से बड़े हैं और हम अपने भाग्य के स्वामी स्वयं हैं, तो भय हम पर से अपनी पकड़ खो देता है। जब हम यह समझ जाते

हैं कि अपने भीतर की शक्तिशाली शक्तियों का उपयोग भलाई के लिए कैसे करना है, तो हमें अपनी हानि की संभावना से डरने की आवश्यकता नहीं है।

आशा डर के लिए मारक के रूप में कार्य करती है, हमारे मार्ग को रोशन करती है और संदेह और असुरक्षा की छाया को दूर करती है जो हमें परेशान करती है। हमें डर की आदत को त्यागना चाहिए और खुशी और निश्चितता से भरे आशावादी दृष्टिकोण को अपनाना चाहिए कि सब ठीक हो जाएगा।

❋ ❋ ❋

# शक्ति का रहस्य

शक्ति प्राप्त करने का रहस्य बाधाओं पर काबू पाने में निहित है ये बाधाएँ बड़ी नहीं होनी चाहिए, बल्कि केवल वे बाधाएँ होनी चाहिए जो आगे की प्रगति में बाधक हों। "बाधा ऐसी चीज है जिसे टाला नहीं जा सकता, बल्कि उस पर काबू पाया जा सकता है। "

इस वादे का वास्तविक महत्व, "जो जय पाएगा उसे मैं जीवन का मुकुट दूँगा," अक्सर गलत समझा गया है। शक्ति की प्राप्ति अनिवार्य रूप से विजय पाने के बाद होती है, क्योंकि यह प्रकृति का मौलिक नियम है।

शक्ति प्रतिरोध पर विजय पाने की क्षमता को दर्शाती है और यह हमेशा इसी तरीके से अभिव्यक्ति चाहती है। हमारे पास जो भी संसाधन हैं, उनका उपयोग करके हम अपनी शक्ति बढ़ाते हैं। भले ही शुरू में कम हो, एक बार जब हम किसी चुनौती पर काबू पाने के लिए उनका उपयोग करते हैं, तो हम शक्ति प्राप्त कर लेते हैं, जिससे बाद की बाधाओं पर विजय पाना आसान हो जाता है। जब हम पहला कदम उठाते हैं तो प्रगति संभव हो जाती है। काश मैं इस बिंदु पर इतनी दृढ़ता से जोर दे पाता कि इसकी सच्चाई और महत्व इन शब्दों को पढ़ने वाले हर किसी के साथ जुड़ सके। जब हम कार्रवाई शुरू करते हैं तो हम हमेशा किसी भी लक्ष्य या इच्छा की ओर आगे बढ़ सकते हैं।

यह मानना गलत है कि मामूली लगने वाले कामों में उलझने का मतलब है अपना जीवन बर्बाद करना। हममें से कई लोगों के पास उस विशिष्ट लक्ष्य की स्पष्ट दृष्टि का अभाव है जिसके लिए हम प्रयास कर रहे हैं। हालाँकि, स्वयं के साथ एक समझ तक पहुँचना और यह पहचानना आवश्यक है कि हम वास्तव में क्या चाहते हैं। यह प्रारंभिक चरण का प्रतीक है अगले कदम में हमारे रास्ते में आने वाली किसी भी बाधा पर काबू पाना शामिल है, भले ही वह कितनी भी छोटी क्यों न लगे। काबू पाने के इस कार्य के माध्यम से, चाहे वह कितना

भी महत्वहीन क्यों न हो, हम शक्ति प्राप्त करते हैं। एक बार जब हम यह शुरुआत कर देते हैं, तो प्रगति संभव हो जाती है। छोटी-छोटी बाधाओं पर विजय पाने के माध्यम से ही हम बड़ी चुनौतियों से पार पाने की ताकत जमा करते हैं।

जिस प्रकार अनुशासित व्यायाम से हमारी शारीरिक शक्ति बढ़ती है, वही सिद्धांत हमारी आध्यात्मिक क्षमताओं पर भी लागू होता है, जो समान रूप से प्राकृतिक हैं और प्राकृतिक नियमों के अधीन हैं। अपनी शारीरिक शक्ति को बढ़ाने के लिए, हम लगन से अपने शरीर की देखभाल करते हैं और ऐसे व्यायाम करते हैं जो उनकी क्षमताओं को विकसित करते हैं।

हालाँकि, हमारे पास एक ऐसी शक्ति है जो मात्र शारीरिक शक्ति-आत्मिक शक्ति-से बढ़कर है। जबकि यांत्रिक ऊर्जा के समान ही आत्मिक शक्ति भी अपने स्वरूप एवं सामर्थ्य में विशिष्ट है। बिजली की तरह, यह अदृश्य होते हुए भी वास्तविक है। हमारे द्वारा अनुभव की जाने वाली प्रत्येक अनुभूति और भावना इस शक्ति की अभिव्यक्ति है। आत्मिक शक्ति अमूर्त होते हुए भी विद्युत के समान मूर्त है। इन आंतरिक शक्तियों के दुरुपयोग, बिजली के अज्ञानतापूर्ण उपयोग के समान, विनाशकारी परिणाम हो सकते हैं।

ये आत्मिक शक्तियाँ शरीर के साथ जटिल रूप से जुड़ी हुई हैं और उनकी प्रभावशीलता इसकी स्थिति से प्रभावित होती है। आत्मिक शक्ति की गहराई अथाह है, क्योंकि जैसे-जैसे हम अपने पास उपलब्ध शक्ति का उपयोग करते हैं, हमें और अधिक शक्ति प्राप्त होती है। शरीर वास्तव में परमात्मा के लिए पात्र के रूप में कार्य करता है।

शक्ति प्राप्त करने के लिए, हमें किसी चीज पर काबू पाने से शुरुआत करनी चाहिए, चाहे वह कितनी भी तुच्छ क्यों न हो एक आदतन विचार पैटर्न, निर्दयी भाषण या एक शारीरिक इशारा। प्रत्येक जीत, चाहे वह कितनी भी छोटी क्यों न हो, हमारी शक्ति को बढ़ाती है, हमें बढ़ती गति के साथ आगे बढ़ने के लिए प्रेरित करती है। नए आत्मविश्वास और ताकत के साथ, हम अपने रास्ते में आने वाली किसी भी बाधा को पार करते हुए, लगातार अपने दिल की इच्छाओं को पूरा कर सकते हैं।

एक ऊँचा उद्देश्य या लक्ष्य रखना, प्रारंभिक कदम उठाना और रास्ते में आने वाली बाधाओं को पार करते हुए सफलता की ओर लगातार आगे बढ़ना अनिवार्य है। काबू पाने की इस निरंतर प्रक्रिया के माध्यम से, हम लगातार तब तक शक्ति जमा करते रहते हैं जब तक कि हमारे पास सबसे विकट चुनौतियों पर भी विजय पाने की ताकत नहीं आ जाती। इस यात्रा के दौरान, हम न केवल प्रगति की खुशी का अनुभव करते हैं बल्कि आगे बढ़ने की संतुष्टि का भी अनुभव करते हैं।

प्रगति का नियम हमारी बेचैनी और निरंतर प्रगति की सहज इच्छा को रेखांकित करता है। विद्वान अधिक ज्ञान चाहते हैं, बड़े लोग अधिक धन चाहते हैं और कलाकार अधिक निपुणता के लिए प्रयास करते हैं। हम सभी मानते हैं कि वर्तमान में हमारे पास जो कुछ भी है, उससे परे संभावनाओं का अनंत भंडार है।

हम अपने मस्तिष्क की कोशिकाओं के केवल एक हिस्से का उपयोग करते हैं, जिससे अतिरिक्त कोशिकाओं के उद्देश्य के बारे में अटकलें लगाई जाती हैं। यह स्पष्ट है कि उन्नत चेतना वाले जीवों के विकास की प्रक्रिया में, प्रकृति ने विचार के बढ़ते स्तर को समायोजित करने के लिए मस्तिष्क कोशिकाओं की पर्याप्त आपूर्ति सुनिश्चित की है। निचले जानवरों में, उच्च मस्तिष्क कोशिकाओं की संख्या सीमित होती है लेकिन विकासवादी विकास के साथ बढ़ती है। हालाँकि ये अधिशेष मस्तिष्क कोशिकाएँ अनावश्यक लग सकती हैं, वे संगठन के उच्च स्तर की क्षमता का संकेत देती हैं जिसे विकास धीरे-धीरे आकार दे रहा है।

एक कोठरी केवल मधुमक्खी के छत्ते या जेलर की जेल की तरह विचारों का भंडार नहीं है। यह एक जीवित इकाई है, प्रोटोप्लाज्म का एक समूह जिसमें उल्लेखनीय क्षमताओं वाला एक केंद्रीय नाभिक होता है। बहुकोशिकीय जीवों जैसे पौधे या जानवर, में विभिन्न प्रकार की कोशिकाएँ शरीर के भीतर विभिन्न ऊतकों का निर्माण करती हैं। हमारी संपूर्ण शारीरिक संरचना इन्हीं जीवित कोशिकाओं से बनी है।

ऐसे असाधारण जीव के साथ, किसी भी इच्छा की आकांक्षा करने या ज्ञान या शक्ति की सीमा तक पहुँचने से डरने की कोई जरूरत नहीं है। अनंत काल की गारंटी है क्योंकि ऊर्जा अविनाशी है और निरंतर काम में लगी रहती है। एक प्रयास का समापन दूसरे प्रयास

की शुरुआत का प्रतीक है। असफलता मिलने पर हमें निराश नहीं होना चाहिए; भविष्य में सफलता प्राप्त करने का हमेशा एक अवसर होता है, भले ही हमने बार-बार गलतियाँ की हों। सफलता गलतियों से पूरी तरह बचने में नहीं बल्कि उनसे सीखने और उन्हें न दोहराने में निहित है। भले ही हमने एक ही गलती कई बार की हो, फिर भी सच्चे प्रयास और सही दृष्टिकोण के माध्यम से सफलता प्राप्त की जा सकती है। सही दृष्टिकोण एकमात्र है: महत्वपूर्ण चुनौतियों पर काबू पाने की शक्ति हासिल करने के लिए, हमें शुरुआत में शुरुआत करनी चाहिए और जैसे-जैसे हम आगे बढ़ते हैं, धीरे-धीरे ताकत विकसित करनी चाहिए।

❋❋❋

# मन और पदार्थ

मानव मन की तुलना सार्वभौमिक मन की एक छोटी सी चिंगारी से की जाती है, जो सभी प्राकृतिक गतिविधियों में स्पष्ट होती है। इच्छाशक्ति भी, यद्यपि सर्वोच्च है, मन की मार्गदर्शक शक्ति पर निर्भर करती है। मन अपरिवर्तनीय सिद्धांतों के अनुसार कार्य करता है, जिनमें आदत प्रमुख है। हालाँकि ब्रह्माण्ड की भव्य योजना हमारी पूरी समझ से परे हो सकती है, हम इसकी अच्छाई के बारे में निश्चित हो सकते हैं। जागरूक अस्तित्व वाले प्राणियों के रूप में, हमारे पास मानवता को एक खुशहाल स्थिति की ओर ले जाने के लिए जहाँ भी आवश्यक हो, प्रेम और उत्साह की लौ जलाने का विशेषाधिकार है उस भव्य योजना का एक अभिन्न अंग जिसके साथ हम घनिष्ठ रूप से जुड़े हुए हैं।

पदार्थ के बिना मन की कल्पना करना कठिन है; अदृश्य होने पर भी यह किसी पदार्थ के रूप में विद्यमान है। पदार्थ, जिसे ऐसे पदार्थ के रूप में परिभाषित किया गया है जो स्थान घेरता है, ईथर को घेरता है, जो परमाणुओं और कणों के बीच के स्थान को भरता है। चमकदार ईथर, वह माध्यम जिसके माध्यम से प्रकाश और गर्मी फैलती है, को अंतिम पदार्थ माना जाता है जिससे बाकी सभी चीजें निकलती हैं और लौट जाती हैं। हालाँकि इसकी संरचना अज्ञात बनी हुई है, लेकिन यह निर्विवाद है कि ऊर्जा के संचरण को सुविधाजनक बनाने के लिए ईथर का अस्तित्व होना चाहिए।

चूँकि पदार्थ गति की विभिन्न दरों का परिणाम है और बल गति के विभिन्न तरीकों से उत्पन्न होते हैं, यह निष्कर्ष निकालना उचित है कि ईथर भी हमारी वर्तमान समझ से परे गति से उत्पन्न होता है। साइकोमेरेज़ से बने आत्मा-शरीर का सिद्धांत हमारे भौतिक शरीर के इलेक्ट्रॉनों से बने होने के समानांतर है, यह सुझाव देता है कि ईथर की एक समान संरचना है भौतिक परमाणु के अनुरूप गति की एक इकाई दर।

ऊर्जा की प्रत्येक अभिव्यक्ति मन की अभिव्यक्ति है, जिससे कुछ लोग मन और ऊर्जा को समान मानते हैं। प्रत्येक कोशिका के पास बुद्धि का अपना रूप होता है, जो शरीर के कार्यों में योगदान देता है। यहाँ तक कि जब व्यक्तिगत चेतना समाप्त हो जाती है, तब भी मन आदत के नियम द्वारा शासित जीवन को बनाए रखने की निश्चित शर्तों के भीतर काम करना जारी रखता है।

एक कबूतर का उदाहरण, जो अपने सेरेब्रम को हटाने के बाद चेतना के बिना यांत्रिक रूप से कार्य करता है, उत्तेजनाओं के लिए तंत्रिका केंद्र प्रतिक्रियाओं का मार्गदर्शन करने में आदत की शक्ति को दर्शाता है। हालाँकि कबूतर के कार्यों के पीछे कोई सचेत उद्देश्य नहीं है, लेकिन उसके व्यवहार को नियंत्रित करने वाले आदत के नियम को लागू करने का उद्देश्य है।

वृत्ति मन के प्रमाण के रूप में कार्य करती है, फिर भी सहज क्रियाएं उतनी ही यांत्रिक होती हैं जितनी कि पहले बताई गई कबूतर की हरकतें। वे पीढ़ी-दर-पीढ़ी जीवों में शामिल आदतों के परिणामस्वरूप होते हैं, जो तंत्रिका केंद्रों को विशिष्ट उत्तेजनाओं पर प्रतिक्रिया करने और निश्चित परिणाम उत्पन्न करने के लिए मार्गदर्शन करते हैं।

मधुमक्खियाँ कंघी बनाने, शहद बनाने और शासन करने में उल्लेखनीय करतब दिखाती हैं, यह सब आदत से प्रेरित होता है। छत्ते के जटिल निर्माण में मानवीय समझ से परे जटिल गणितीय सिद्धांत शामिल हैं। हालाँकि मधुमक्खियाँ सचेत रूप से इन सूत्रों की गणना नहीं करती हैं, लेकिन यह स्पष्ट है कि शारीरिक कार्यों को नियंत्रित करने वाला वही सार्वभौमिक दिमाग उनके जटिल कार्य को भी संचालित करता है।

मानव शरीर में शारीरिक सुंदरता हो सकती है, लेकिन सुंदर मन के बिना इसका आकर्षण फीका पड़ जाता है। मन वह सार है जो भौतिक जीवन को अर्थ से भर देता है, हमारे आत्मा-जीवन को आकार देता है अस्तित्व का सच्चा सार। एक आकर्षक व्यक्तित्व एक दिलचस्प और संतुलित दिमाग, प्रकृति के प्रति अभ्यस्त और पूरक शारीरिक क्षमताओं से उत्पन्न होता है।

मन इच्छा और भावना के परामर्शदाता के रूप में कार्य करता है, हालाँकि भावना कभी-कभी बेहतर मार्गदर्शन प्रदान कर सकती है। उच्च चरित्र यह समझने में निहित है कि

भावनाओं को कब प्राथमिकता दी जानी चाहिए। "हार्ड टाइम्स" में चार्ल्स डिकेंस का लिटिल सिसी ज्यूप का चित्रण कोमल मानवीय भावनाओं पर कठोर तर्क को प्राथमिकता देने की मूर्खता को उजागर करता है। भावना, आत्मा का एक अनिवार्य पहलू, को बौद्धिक और स्वैच्छिक विचार-विमर्श में पोषित और एकीकृत किया जाना चाहिए।

मानव मस्तिष्क की क्षमता कुछ सीमाएँ जानती है। अपने संक्षिप्त जीवनकाल में, हम पिछली पीढ़ियों से ज्ञान संचित करते हैं और भविष्य के दिमागों को समृद्ध बनाने में योगदान करते हैं। हालाँकि, जो ज्ञान बनता है वह समय के साथ विकसित होता है, आज के सत्य अक्सर कल के विज्ञान द्वारा खारिज कर दिए जाते हैं। मानव विचार सदैव सत्य की खोज करता है, दार्शनिक जाँच को प्रेरित करता है।

बौद्धिक दर्शन पर हबर्ड विंसलो की एक पुरानी पाठ्यपुस्तक पिछले पचास वर्षों की प्रगति को दर्शाती है। जहाँ कुछ तथ्य कालातीत रहते हैं, वहीं अन्य ज्ञान जैसे-जैसे आगे बढ़ता है, अस्पष्ट होते जाते हैं। पाठ में शारीरिक अक्षमता के क्षणों में तीव्र मानसिक गतिविधि का वर्णन शरीर से मन की स्वतंत्रता के बारे में गहरा सवाल उठाता है एक विषय पर अभी भी समकालीन विद्वानों द्वारा बहस की जाती है।

कोमा, नींद या मृत्यु के दौरान मन या आत्मा भौतिक शरीर से अलग हो सकते हैं या नहीं, यह प्रख्यात विद्वानों के बीच गंभीर चर्चा का विषय बना हुआ है। हालाँकि राय अलग-अलग हैं, मन-शरीर संबंधों के बारे में मानवता की बढ़ती समझ दिलचस्प विकास का वादा करती है। फिर भी, इन सदियों पुराने प्रश्नों के निश्चित उत्तर हमें कुछ समय के लिए नहीं मिल सकते हैं, क्योंकि मन और पदार्थ की प्रकृति मानवीय जिज्ञासा को आकर्षित करती रहती है।

❋❋❋

# लहरें, ज्वार और धाराएँ

यह उल्लेखनीय है कि प्राकृतिक घटनाओं के पीछे के कारणों की खोज में, हम लगातार तरंग गति का सामना करते हैं। किसी विचार की लहर से लेकर भूकंप के झटके तक, लहर की गति हमेशा मौजूद रहती है। यह आश्वस्त करने वाली बात है कि शक्ति के इन असाधारण प्रदर्शनों के लिए जिम्मेदार सर्वोच्च बुद्धिमत्ता ने अदृश्य और अमूर्त के दृश्यमान और मूर्त उदाहरण प्रदान किए हैं, जिससे हमें यह समझने में मदद मिली है कि अन्यथा क्या समझ से बाहर होगा।

जल तरंगों की गति में, हम अदृश्य ईथर तरंगों के समानांतर पाते हैं, जिनकी गति की दर ऊर्जा के विभिन्न रूपों को जन्म देती है, साथ ही वे तरंगें जो पृथ्वी की सतह के ठोस लेकिन लोचदार भागों को पार करती हैं।

हाल के वैज्ञानिक निष्कर्ष उस सिद्धांत से मेल खाते हैं जो मैंने पहले बिना अधिकार के प्रस्तुत किया था। ऐसा प्रतीत होता है कि पृथ्वी के तरल हिस्से में ज्वारीय लहरें पैदा करने वाला वही गुरुत्वाकर्षण आकर्षण ठोस हिस्से में भी समान तरंगें उत्पन्न करता है, भले ही कम उपज देने वाला हो। हाल के अवलोकन इस बात की पुष्टि करते हैं कि पृथ्वी की सतह वास्तव में उतार-चढ़ाव से गुजरती है, यह आश्चर्य की बजाय एक स्वाभाविक अपेक्षा है।

गुरुत्वाकर्षण का सार्वभौमिक नियम बताता है कि पदार्थ का प्रत्येक कण कुछ हद तक हर दूसरे कण को आकर्षित करता है। यह आकर्षक बल, जिसे गुरुत्वाकर्षण के रूप में जाना जाता है, एक पतले धागे से भारी वजन को अपनी ओर खींचने के समान कार्य करता है। गुरुत्वाकर्षण खिंचाव आकर्षित करने वाले पिंडों की दूरी और मात्रा के साथ बदलता रहता है। चंद्रमा और सूर्य, पृथ्वी के सबसे निकट होने के कारण, महत्वपूर्ण गुरुत्वाकर्षण प्रभाव डालते हैं, जिससे पानी और पृथ्वी की पपड़ी दोनों में ज्वार उत्पन्न होता है।

जब चंद्रमा पृथ्वी की परिक्रमा करता है तो ज्वार-भाटे अपने उच्चतम बिंदु पर पहुँच जाते हैं, जब चंद्रमा और सूर्य की गुरुत्वाकर्षण शक्तियाँ संरेखित हो जाती हैं। ज्वारीय लहरें और भूकंप संभवतः गुरुत्वाकर्षण तनाव के परिणामस्वरूप होते हैं, क्योंकि आकाशीय पिंडों की स्थिति लगातार बदलती रहती है, जिससे उनका गुरुत्वाकर्षण खिंचाव पानी और पृथ्वी की पपड़ी दोनों पर दबाव डालता है। यह तनाव तब तीव्र हो जाता है जब विभिन्न पिंडों से आने वाली तरंगें एक-दूसरे को मजबूत करती हैं और अधिक प्रभाव उत्पन्न करने के लिए अपने शिखरों को मिलाती हैं।

जैसा कि केमिली फ्लेमरियन और जर्मन विद्वान हेकर ने रिपोर्ट किया है, पृथ्वी की सतह के हर बारह घंटे में एक महत्वपूर्ण ज्वार के साथ ऊपर उठने और गिरने की घटना अविश्वसनीय नहीं है। आश्चर्य की बात यह है कि विद्वानों की अनदेखी पानी में देखे गए प्रभावों

के समान, गुरुत्वाकर्षण बलों के प्रभाव के तहत एक लोचदार पदार्थ पर ऐसी क्रियाओं की आवश्यकता को पहचानने में विफल रही।

ज्वारीय लहरों और शक्तिशाली भूकंप तरंगों के बीच एक आश्चर्यजनक समानता है। दोनों समुद्र के सबसे गहरे हिस्सों पर प्रभाव डालते हैं और पानी की गहराई के साथ उनका वेग बढ़ता जाता है। उदाहरण के लिए, 1868 में एरिका, पेरू से आई महान भूकंप तरंगों ने आश्चर्यजनक गति से हजारों मील की यात्रा की, जिससे ऐसी तरंगों के गहरे प्रभाव का पता चला।

ग्रहों को ईथर के विशाल समुद्र में डूबे हुए देखा जा सकता है, जिसमें हर कंपन करने वाला कण इस ईथर को गति प्रदान करता है। यह गति फिर दूरी और गति के आधार पर अलग-अलग प्रभावों के साथ अन्य ग्रहों तक प्रसारित होती है। जिस प्रकाश को हम अविश्वसनीय गति से यात्रा करते हुए देखते हैं, वह युगों पहले गति में स्थापित कंपनों से उत्पन्न होता है, जो ब्रह्मांड की विशालता और उसके अस्थायी पैमाने को दर्शाता है।

ग्रहों की निरंतर गति और उनके बदलते गुरुत्वाकर्षण संबंधों को देखते हुए, यह प्रशंसनीय है कि आकाशीय पिंड हमारे जीवन को प्रभावित करते हैं। हालाँकि मैं ज्योतिष को भाग्य-बताने के अर्थ में संदर्भित नहीं करता हूँ, लेकिन आकाशीय पिंडों के बीच गुरुत्वाकर्षण की बातचीत वास्तव में स्थलीय घटनाओं को प्रभावित कर सकती है। जिस प्रकार पृथ्वी, वायु और जल में ज्वार आते हैं, उसी प्रकार हमारे जीवन में भी ब्रह्मांडीय शक्तियों से प्रभावित रूपक ज्वार आ सकते हैं।

विपत्ति के समय में, अक्सर यह कहा जाता है कि जब सब कुछ अंधकारमय लगता है, तभी किस्मत बदल सकती है। हालाँकि, यह न केवल दृढ़ रहना आवश्यक है, बल्कि यह भी समझना है कि कब जाने देना है और ज्वार को हमें बेहतर परिस्थितियों की ओर ले जाने देना है। हमारे व्यक्तिगत प्रयासों के अलावा, ऐसा प्रतीत होता है कि एक बड़ी शक्ति काम कर रही है, जिसे अक्सर भाग्य या ईश्वरीय विधान कहा जाता है, जो हमारे जीवन की दिशा को आकार देता है।

मानव अस्तित्व आकाश और वायु तरंगों के समुद्र के बीच प्रकट होता है, जो हमें विभिन्न स्तरों पर प्रभावित करता है शारीरिक, भावनात्मक और आध्यात्मिक रूप से। हम अपने अनुभवों और अंतःक्रियाओं को आकार देते हुए विचार, भावना और ऊर्जा की तरंगें उत्सर्जित और प्राप्त करते हैं। उन तरंगों के प्रति सचेत रहना महत्वपूर्ण है जो हम उत्पन्न करते हैं और आकर्षित करते हैं, यह सुनिश्चित करते हुए कि वे हमारी भलाई और आकांक्षाओं के साथ संरेखित हों।

जीवन और आत्म-शक्तियाँ, जिन्हें कभी रहस्यमय या मानवीय समझ से परे माना जाता था, अब अधिक तर्कसंगत रूप से हमारे अस्तित्व के अभिन्न पहलुओं के रूप में देखी जाती हैं। हालांकि मानव प्रकृति के रहस्यों को सुलझाने में समय लग सकता है, प्रकृतिवादी दृष्टिकोण अपनाने से हमारी जटिलताओं और क्षमता में अंतर्दृष्टि मिलती है।

जैसे महासागरों और हवा में धाराएँ हैं, वैसे ही हमारे जीवन में रूपक धाराएँ भी हो सकती हैं कुछ हमें सफलता और खुशी की ओर प्रेरित करती हैं, जबकि अन्य हमें निराशा में धकेलती हैं। विचार और कार्य की सकारात्मक आदतों के माध्यम से इन धाराओं को कैसे नेविगेट किया जाए, यह समझना हमारी आकांक्षाओं को साकार करने और हमारी क्षमता को पूरा करने की कुंजी है।

❋ ❋ ❋

# ऊर्जा और गति

ऊर्जा रूपों की विविधता गति की विभिन्न दरों से उत्पन्न होती है, सभी प्राकृतिक घटनाएं इन दरों और ऊर्जा के एक रूप से दूसरे रूप में रूपांतरण से उत्पन्न होती हैं। यद्यपि इसके मूल में एक ही ऊर्जा है, गति की विभिन्न दरें अलग-अलग प्रभाव या अभिव्यक्तियाँ उत्पन्न करती हैं जिन्हें हम अनुभव करते हैं।

पदार्थ स्वयं परमाणुओं के भीतर कणिकाओं या इलेक्ट्रॉनों की गति दर से निकलता है। ये इलेक्ट्रॉन जबरदस्त गति से एक-दूसरे की परिक्रमा करते हैं, जिनमें मुख्य रूप से सकारात्मक और नकारात्मक विद्युत आवेश होते हैं इसलिए इन्हें इलेक्ट्रॉन कहा जाता है। परमाणु, जिसे पदार्थ की सबसे छोटी इकाई माना जाता है, इन इलेक्ट्रॉनों की गति दर से उत्पन्न होता है। पदार्थ को मोटे तौर पर ऐसे पदार्थ के रूप में परिभाषित किया जाता है जो स्थान घेरता है, इसमें व्यक्तिगत इलेक्ट्रॉन और ईथर दोनों शामिल होते हैं जो उनके बीच के स्थान को भरते हैं। भौतिक विज्ञान में प्रगति के साथ पदार्थ की समझ का विस्तार हुआ है, विशेष रूप से परमाणु की विभाज्यता के कारण इसके विद्युत आधार को पहचानना।

ध्वनि, प्रकाश और ऊष्मा की तरह बिजली भी गति की विशिष्ट दरों से उत्पन्न होती है। ये ऊर्जा रूप तब उत्पन्न होने वाले प्रभाव हैं जब गति दर हवा या ईथर जैसे लोचदार माध्यमों के माध्यम से तरंगों में फैलती है, अन्य पदार्थों के साथ बातचीत करती है। परिणामी तरंग गति का पता पदार्थ के कंपन करने वाले कणों से लगाया जा सकता है, तरंगें प्रभाव पर अन्य निकायों में समान कंपन उत्पन्न करती हैं। जब ये तरंगें हमारे शरीर के साथ संपर्क करती हैं, तो वे तंत्रिका कोशिकाओं को उत्तेजित करती हैं, जो गति की गति को मस्तिष्क तक पहुंचाती हैं। मस्तिष्क में तंत्रिका पदार्थ को उत्तेजित करने वाली इन गति दरों के परिणामस्वरूप चेतना

उभरती है। जब तक हम सचेत रहते हैं, मस्तिष्क रक्त कोशिकाओं और तंत्रिका तंतुओं के स्पंदनों की प्रतिक्रिया में कंपन करता है।

वर्ष 1840 के आसपास तक, गर्मी को आमतौर पर हवा या ईथर के समान एक तरल पदार्थ में प्रवेश करने वाले पदार्थ के रूप में माना जाता था। हालाँकि, अब यह समझा जाता है कि ऊष्मा किसी पदार्थ के भीतर अणुओं की गति से उत्पन्न होती है, ऊष्मा की तीव्रता आणविक उत्तेजना की डिग्री के अनुरूप होती है। इसलिए, ठंड, गर्मी की बस एक निचली डिग्री है। यहाँ तक कि जिसे हम ठंडे स्टोव के रूप में देखते हैं, उसमें भी अणु गति में होते हैं, हालांकि गर्म होने की तुलना में धीमी गति से। गर्मी, प्रकाश की तरह, हवा के बजाय ईथर के माध्यम से फैलती है, केवल तरंग दैर्ध्य में अंतर होता है।

जैसे कि ईथर सभी पदार्थों में व्याप्त है जैसे मछली के चारों ओर पानी, कंपन करने वाले अणुओं की गति ईथर में तरंग गति को प्रेरित करती है। ये तरंगें पदार्थ के कंपनशील द्रव्यमान से निकलती हैं, जिससे इसके चारों ओर ईथर तरंगों का एक क्षेत्र बन जाता है। जब ये तरंगें हमारे शरीर से टकराती हैं, तो वे आणविक गतिविधि को उत्तेजित करती हैं, जो उस माध्यम से नियंत्रित होती है जिससे वे गुजरती हैं। इस प्रकार हम सूर्य से ऊष्मा (और प्रकाश) प्राप्त करते हैं। विशेष रूप से, यह स्वयं गर्मी नहीं है जो यात्रा करती है, बल्कि गर्मी से प्रेरित तरंग गति होती है, जो निकायों में गति दर को उत्तेजित करने में सक्षम होती है, जिसे हम गर्मी के रूप में समझते हैं।

गर्मी और प्रकाश के विपरीत, ध्वनि को सघन माध्यम की आवश्यकता होती है। ध्वनि तरंगें निर्वात में नहीं फैल सकतीं; बल्कि, वे हवा या किसी अन्य सघन लोचदार पदार्थ में पदार्थ के कंपन कणों से प्रेरित होते हैं। जब ये तरंगें कान तक पहुँचती हैं, तो वे श्रवण तंत्रिका में कंपन पैदा करती हैं, जो गति दर को मस्तिष्क तक पहुंचाती हैं, जिसके परिणामस्वरूप ध्वनि की अनुभूति होती है। हालाँकि, मस्तिष्क तक पहुँचने से पहले, ये स्पंदन उस माध्यम से संशोधित हो जाते हैं जिससे वे गुजरते हैं।

कुछ दार्शनिकों का तर्क है कि सभी बाहरी घटनाएं केवल चेतना में मौजूद हैं, यह सुझाव देते हुए कि ध्वनि, प्रकाश और गर्मी अंतर्निहित अस्तित्व के बिना केवल धारणाएं हैं।

हालाँकि, मस्तिष्क द्वारा ध्वनि या प्रकाश का ग्रहण उन्हें चेतना में परिवर्तित कर देता है ऊर्जा का एक अलग रूप। भले ही इन घटनाओं को समझने के लिए कोई मस्तिष्क कोशिकाएँ न हों, फिर भी ध्वनि और प्रकाश क्रमशः पदार्थ या ईथर के माध्यम से प्रसारित गति दर के रूप में मौजूद रहेंगे।

अब, ये सभी विविध परिणाम गति की विभिन्न दरों का प्रतिनिधित्व करते हैं विभिन्न रूप जिनमें ऊर्जा चेतना में प्रकट होती है, स्वयं मस्तिष्क में संचारित गति दरों का परिणाम है। वास्तव में, ऐसा प्रतीत होता है कि ब्रह्मांड में ऐसा कुछ भी नहीं है जो गति की दर से उत्पन्न न हो। "गुह्यवाद" के रहस्य अंततः भौतिक आधार पर टिके हैं और यह भौतिकी और शरीर विज्ञान के माध्यम से है कि हमें इसकी व्याख्या करनी चाहिए। हालाँकि हम भौतिक और मानसिक के बीच अंतर कर सकते हैं, लेकिन यह बिना किसी ठोस अंतर के केवल एक अंतर है।

बहुमूल्य पुस्तक "ब्रेन एंड पर्सनैलिटी" के सम्मानित लेखक ने यह प्रदर्शित करने के लिए एक दिलचस्प तर्क दिया है कि मानव इच्छा मूल रूप से निचले जानवरों की इच्छा से अलग है और वास्तव में, अलौकिक है। हालाँकि, वह जो उदाहरण देता है वह स्पष्ट रूप से साबित करता है कि इच्छाशक्ति प्रकाश की तरह ही ऊर्जा का एक रूप है, इस प्रकार यह अलौकिक होने की किसी भी धारणा को खारिज कर देती है।

वह टिप्पणी करते हैं कि शायद "विल" शब्द के समान आध्यात्मिक अस्पष्टता में घिरा कोई शब्द नहीं है और सुझाव देते हैं कि तत्वमीमांसा से दूर रहना और शारीरिक तथ्यों पर ध्यान केंद्रित करना तत्वमीमांसा के लिए अच्छा होगा। हालाँकि यह सराहनीय सलाह है, मैं यह जोड़ना चाहूँगा कि अध्ययन के प्रस्तावित पाठ्यक्रम में भौतिकी के अध्ययन को भी शामिल किया जाना चाहिए।

वह मस्तिष्क के दृश्य क्षेत्र पर प्रभाव का वर्णन करने के लिए आगे बढ़ता है जब किसी जानवर की एक आँख तीव्र प्रकाश के संपर्क में आती है जबकि दूसरी अंधेरे में रहती है। इस तरह के अत्यधिक उत्तेजना का अंतिम परिणाम फॉस्फोरेटेड वसा से भरपूर सामान्य तंत्रिका कोशिका प्रोटोप्लाज्म का कोलीन और गैर-फॉस्फोरेटेड तटस्थ वसा में परिवर्तन होता है।

इसके बाद वह पेन पकड़ने की इच्छा से लगातार उत्तेजित होने पर मोटर फ़ंक्शन के लिए जिम्मेदार मस्तिष्क के एक विशिष्ट क्षेत्र में तंत्रिका तंतुओं और कोशिकाओं पर पड़ने वाले प्रभाव के समानांतर चित्रण करता है। परिणामी स्थिति, लेखक के पक्षाघात के समान, मकसद तंत्रिका पदार्थ के अध: पतन और उसके बाद उन नसों और माँसपेशियों के शोष पर आधारित होती है जिनमें वे अंतर्निहित होते हैं। दोनों ही मामलों में, परिणाम अत्यधिक उत्तेजना-प्रेरित परिवर्तन है, लेकिन जहाँ प्रकाश की उत्तेजना बाहरी रूप से उत्पन्न होती है, वहीं इच्छाशक्ति आंतरिक रूप से उत्पन्न होती है। फिर भी, क्या यह आंतरिक उत्पत्ति प्रकाश की तुलना में किसी भी कम वास्तविक को प्रस्तुत करती है जब यह समान भौतिक और रासायनिक परिवर्तनों की ओर ले जाती है?

ऐसे सबूतों के प्रकाश में, इच्छा को ऊर्जा के एक रूप के अलावा कुछ भी मानना अस्थिर हो जाता है। इसके बल के स्थान को शरीर के बाहर के बजाय भीतर खोजा जाना चाहिए यह विषय अगले अध्यायों में और अधिक खोजा जाएगा।

समकालीन प्रवचन में, हम "महत्वपूर्ण शक्ति" और "निरंतर गतिशील जीवन-शक्ति" जैसे वाक्यांशों का सामना करते हैं, जबकि विचार को तेजी से ऊर्जा के एक रूप के रूप में स्वीकार किया जाता है। हालाँकि, ऊर्जा के विभिन्न रूपों के बीच भावना को अभी भी अपना उचित स्थान नहीं दिया गया है।

❋❋❋

# जीवन और मृत्यु

कन्फ्यूशियस से जब प्रश्न पूछा गया, "मृत्यु क्या है?" उत्तर दिया, "हम कैसे जान सकते हैं कि मृत्यु क्या है, जब हम नहीं जानते कि जीवन क्या है?" महान चीनी दार्शनिक सही थे। यह केवल तभी होता है जब हम समझते हैं कि जीवन में क्या शामिल है तभी हम वास्तव में मृत्यु की अवधारणा को समझ सकते हैं।

जीवविज्ञानी अब पेड़ में उगने वाले रस के लिए जिम्मेदार शक्ति का वर्णन करने के लिए "महत्वपूर्ण शक्ति" शब्द का उपयोग करते हैं, जबकि लूथर बरबैंक "निरंतर गतिशील जीवन-शक्ति" की बात करते हैं जो पौधे और पशु जीवन को बनाए रखती है।

इस बात के प्रचुर प्रमाण मौजूद हैं कि जीवन ऊर्जा का एक रूप है। उदाहरण के लिए, एक तहखाने में नरम कवक के विकास के माध्यम से कार्य करने वाली जीवन की क्षमता, पत्थर के फर्श के भारी स्लैब को उठाने के लिए किसी को भी प्रतिरोध पर काबू पाने में अपनी काफी ताकत के बारे में समझाने के लिए पर्याप्त होनी चाहिए। एक बढ़ता हुआ पेड़ प्रतीत होता है कि अभेद्य पदार्थों को तोड़ सकता है और बढ़ती हुई बेल भारी वजन उठा सकती है। नाजुक उगने वाले पौधे मिट्टी में इतनी मजबूती से घुस सकते हैं कि केवल महत्वपूर्ण बल ही उन्हें ऐसा करने में सक्षम बना सकता है। यह अनुमान लगाया गया है कि साठ फुट ऊंचे एल्म पेड़ के माध्यम से कार्य करने वाली यह महत्वपूर्ण शक्ति, गर्मी के एक ही दिन में इसकी सात मिलियन पत्तियों से सात टन से अधिक पानी हवा में वाष्पित कर देती है। यह मात्रा लगभग उस रक्त की मात्रा के बराबर है जिसे मानव हृदय चौबीस घंटे में चलाता है।

अब, कोई भी यह नहीं मानता कि हृदय की माँसपेशी यह कार्य स्वतंत्र रूप से करती है जैसे कोई यह नहीं मान सकता कि कोई पंप बिना किसी बल के पानी उठाता है। हृदय के माँसपेशीय तंतु तंत्रिका बल की प्रतिक्रिया में सिकुड़ते हैं। यह बल गति की दर से उत्पन्न होता है, जिसे मेडुला ऑबोंगटा में कुछ तंत्रिका कोशिकाओं में उत्पन्न होने वाले कंपन से पता लगाया जा सकता है और आंतरिक हृदय तंत्रिकाओं के रूप में जाने जाने वाले तंत्रिका तंतुओं के माध्यम से हृदय के माँसपेशी ऊतक में प्रेषित होता है। तंत्रिकाओं का दूसरा समूह हृदय की क्रिया को नियंत्रित करता है, जबकि तीसरा समूह इसे तेज़ करता है। तंत्रिकाओं के ये तीन सेट, जब ठीक से काम करते हैं, तो शक्ति का संतुलन बनाए रखते हैं जिसके परिणामस्वरूप हृदय की धड़कन सामान्य हो जाती है।

हालाँकि, शरीर का जीवन केवल हृदय की धड़कन पर निर्भर नहीं करता है, बल्कि छाती और पेट की माँसपेशियों के समान संकुचन और विस्तार पर भी निर्भर करता है, जिससे वायु नलिकाओं और कोशिकाओं में वायु परिसंचरण की सुविधा होती है जैसे हृदय की क्रिया

रक्त वाहिकाओं में रक्त परिसंचरण को सुविधाजनक बनाती है। श्वसन प्रक्रिया और रक्त परिसंचरण को बनाए रखने वाली इन शक्तियों की समन्वित कार्रवाई के माध्यम से उच्च पशु जीवों में जीवन कायम रहता है।

मानव हृदय को एक दिन में लगभग आठ टन रक्त, धमनियों, शिराओं और सूक्ष्म केशिकाओं के जटिल नेटवर्क के माध्यम से इतनी तीव्र गति से प्रवाहित करने के लिए आवश्यक बल की आवश्यकता होती है कि शरीर में रक्त की पूरी मात्रा हृदय के माध्यम से प्रवाहित होती है। केवल एक से दो मिनट में, जिसमें कोई भी भाग लगभग तेईस सेकंड में शरीर का पूरा दौरा पूरा कर लेता है, वास्तव में पर्याप्त है। इसी तरह, एक पूरी साँस लेने की क्रिया में छाती और पेट की माँसपेशियों द्वारा अनुमानित 500 से 750 पाउंड तक का बल लगाना कोई छोटी उपलब्धि नहीं है।

अब, ये माँसपेशियाँ, जिनकी "धड़कन" के परिणामस्वरूप साँस लेने की प्रक्रिया होती है, उन नसों द्वारा भी नियंत्रित होती हैं जो रीढ़ की हड्डी के ऊपरी हिस्से के विस्तार, मेडुला ऑबोंगटा के भीतर कंपन के कारण गति की दर को ले जाती हैं। "मज्जा नाड़ी और श्वास की लगाम अपने हाथों में रखती है। " मेडुला ऑब्लांगेटा में एक छोटा सा स्थान है जो शरीर के जीवन के लिए वही है जो सूर्य प्रकाश देता है इसका स्रोत या कंपन करने वाला पदार्थ जो गति की दर को उत्तेजित करता है, जिसके परिणामस्वरूप जीवन होता है। मज्जा में इस स्थान पर चोट लगने से जीवन निश्चित रूप से समाप्त हो जाएगा जैसे सूर्य का विनाश प्रकाश समाप्त हो जाएगा, उसी कारण से पदार्थ के उन कणों के कंपन की समाप्ति जिन पर गति की आवश्यक दर उनके अस्तित्व के लिए निर्भर करती है। हृदय और छाती तथा पेट की माँसपेशियाँ तब तक "धड़कती" रहती हैं जब तक उन्हें मज्जा से जोड़ने वाली तंत्रिकाओं में गति की दर बनी रहती है; हालाँकि, जब ये दरें बंद हो जाती हैं, तो पिटाई बंद हो जाती है और मृत्यु हो जाती है।

यह एक दिलचस्प सवाल है जिसका अभी तक संतोषजनक उत्तर नहीं दिया गया है: मज्जा में इस क्रिया को क्या बनाए रखता है? उन कंपनों को क्या बनाए रखता है जिन्हें अपने श्रम से कभी आराम या विश्राम नहीं लेना चाहिए? जबकि अन्य माँसपेशियाँ लगातार काम

करने से थक जाती हैं, इस बल द्वारा आपूर्ति की गई अनैच्छिक माँसपेशियाँ लगातार काम करने के बावजूद कभी नहीं थकतीं। फिजियोलॉजिस्ट इसे यह सुझाव देकर समझाते हैं कि मज्जा में यह स्थान संभवतः बाहर से उत्तेजना प्राप्त करने वाला एक प्रतिवर्त केंद्र है, जो संभवतः रक्त से होता है। कुछ शरीर विज्ञानी मज्जा में होने वाली इस क्रिया को स्वचालित मानते हैं। तथ्य यह है कि इस बल से बनी माँसपेशियाँ कभी नहीं थकती हैं, शरीर विज्ञानियों द्वारा प्रत्येक धड़कन के बीच उन्हें मिलने वाले हल्के आराम को जिम्मेदार ठहराया जाता है।

डब्ल्यू हन्ना थॉम्पसन इस स्पष्टीकरण को अपर्याप्त मानते हैं और मैं उनसे सहमत हूँ। उनका तर्क है कि जो कोई भी लकड़ी काटने की कोशिश करता है, स्ट्रोक के बीच अपनी माँसपेशियों को मिलने वाले थोड़े से आराम पर भरोसा करता है, उसे जल्द ही एहसास हो सकता है कि यह थकावट को रोकने के लिए अपर्याप्त है।

यह स्पष्ट है कि मज्जा में पदार्थ के कणों की क्रिया अद्वितीय और उससे भिन्न होती है जो स्वैच्छिक माँसपेशियों को नियंत्रित करने वाली तंत्रिकाओं में गति की दर को उत्तेजित करती है।

अब, जीवन को उसी तथ्य-आधारित, सामान्य-ज्ञान के तरीके से देखते हुए जैसे हम प्रकाश या ध्वनि को मानते हैं और इसे ऐसे पदार्थ के रूप में मानते हैं जिसके साथ भौतिकी समान रूप से संबंधित है, हम मज्जा में इस "स्वचालित" क्रिया के लिए स्पष्टीकरण पा सकते हैं। कशेरुकियों का और "बल के केंद्र" में एक समान क्रिया के लिए जो किसी भी जीव के जीवन को बनाए रखता है।

पशु जीवन के निचले रूपों, साथ ही पौधों के जीवन में एक कोशिका होती है, जिसका अर्थ है कि वे एककोशिकीय हैं। जैसे-जैसे वे बढ़ते हैं, वे विभाजित और अलग हो जाते हैं, प्रत्येक कोशिका दो बन जाती है। इस प्रक्रिया को विभाजन द्वारा प्रसार के रूप में जाना जाता है। पशु और पौधे के जीवन के उच्च रूप ऐसी कोशिकाओं के उपनिवेश हैं, जिन्हें बहुकोशिकीय जीव कहा जाता है। उनका जीवन बहुत बेहतर और असीम रूप से अधिक जटिल है, क्योंकि उनके पास अंग और विभिन्न प्रकार के ऊतक होते हैं, जिनमें से प्रत्येक विभिन्न प्रकार की कोशिकाओं से बना होता है।

मैं जो सिद्धांत प्रस्तावित करता हूँ, जिसके बारे में मेरा मानना है कि आलोचना का सामना करना पड़ेगा, वह इस प्रकार है:

एककोशिकीय जीव (चाहे पौधा हो या जानवर) का जीवन दो बलों की कार्रवाई से कायम रहता है, जिनमें से प्रत्येक गति की दर का प्रतिनिधित्व करता है जैसे कि उनका मिलन तरंगों का उत्पादन करता है जो क्रमिक सुदृढीकरण और हस्तक्षेप में संयोजित होते हैं, जिसके परिणामस्वरूप धड़कन प्रभाव होता है, जिसे कहा जाता है एक बीट। " यह प्रभाव तब होता है जब विभिन्न कंपन दरों के दो ट्यूनिंग कांटे एक साथ गति में सेट होते हैं या जब पियानो पर एक काली और एक आसन्न सफेद कुंजी को एक साथ मारा जाता है। जब ध्वनि तरंगें समान चरणों में एकजुट होती हैं, तो उनके शिखर आपस में जुड़ जाते हैं, जिसके परिणामस्वरूप ध्वनि की मात्रा बढ़ जाती है। जब वे विपरीत चरणों में एकजुट होते हैं, तो एक सेट के शिखर दूसरे सेट के गर्त के साथ मेल खाते हैं, जिससे ध्वनि रद्द हो जाती है और मौन हो जाता है। इस घटना को ध्वनि हस्तक्षेप कहा जाता है और यह "तरंग गति का प्रमुख विशिष्ट गुण है। "

जैसा कि पहले उल्लेख किया गया है, जब दो कंपन दरें इस तरह से संयोजित होती हैं कि उनकी तरंगें क्रमिक सुदृढीकरण और हस्तक्षेप में एकजुट होती हैं, तो परिणाम एक "बीट" होता है और प्रति सेकंड बीट्स की संख्या दो कंपन दरों के बीच के अंतर के बराबर होती है। यह क्रिया तब तक जारी रहेगी जब तक कंपन जारी रहेगा, जिसके परिणामस्वरूप जीवन होगा। हालाँकि, जब कंपन बंद हो जाता है, तो बिना किसी सुदृढीकरण के पूर्ण हस्तक्षेप होगा, जिससे मृत्यु हो जाएगी। यह याद रखना महत्वपूर्ण है कि यह बाद की क्रिया "तरंग गति की प्रमुख विशेषता संपत्ति" है और जीवन, जिसे ऊर्जा के एक रूप के रूप में देखा जाता है, को गति दरों की क्रिया से उत्पन्न होना चाहिए, जिसे ठीक उसी तरह माना जाना चाहिए जैसे हम तरंग गति के परिणामस्वरूप देखते हैं ध्वनि या प्रकाश में तथ्य यह है कि जीवन के सभी रूपों में, चाहे पौधा हो या जानवर, प्रत्येक जीव में दो शक्तियों नर और मादा का प्रतिनिधित्व होता है और यह कि सभी जीवन में कोई पूर्ण पुरुष या महिला अस्तित्व

नहीं है, एक दूसरे से अलग, इसका समर्थन करता है निष्कर्ष यह है कि जीवन और मृत्यु ऐसे बल कार्यों के परिणाम हैं जैसा कि वर्णित है।

बहुकोशिकीय जीवों में, चाहे पौधा हो या जानवर, विकास दो एककोशिकीय जीवों के संलयन से उत्पन्न एक रोगाणु कोशिका से होता है, जिनमें से प्रत्येक एक अलग गति दर का प्रतिनिधित्व करता है। ऐसी दो कोशिकाओं के संलयन में, प्रत्येक दो गति दरों का प्रतिनिधित्व करता है, तरंगों के दो सेट होने चाहिए, जो क्रमिक सुदृढीकरण और हस्तक्षेप में एकजुट होते हैं और परिणामस्वरूप, दो धड़कनें होती हैं। यह वही है जो हम उच्च पशु जीवों में देखते हैं अलग-अलग दरों की दो धड़कनें, छाती और पेट की माँसपेशियों के संकुचन के प्रत्येक चक्र के लिए चार दिल की धड़कनें। पौधों में, यद्यपि कोई ध्यान देने योग्य धड़कन नहीं देखी जाती है, किसी न किसी शक्ति केंद्र में जीवन शक्तियों की ऐसी ही कुछ क्रिया अवश्य होती है, क्योंकि उनकी भी अपनी श्वास प्रक्रिया और परिसंचरण होती है। मानव शरीर में, जैसा कि पहले उल्लेख किया गया है, यह बल क्रिया मेडुला ऑबोंगटा में एक छोटे से स्थान पर बनी रहती है।

हाल ही में, अंडे का लिंग निर्धारित करने के लिए एक बहुत ही नाजुक उपकरण का आविष्कार किया गया है। जब एक अंडे के ऊपर रखा जाता है जिसमें रोगाणु कोशिका होती है जो एक नर पक्षी में विकसित होगी, तो उपकरण एक घूर्णी गति दिखाता है, जबकि एक अंडे के ऊपर जिसमें से एक मादा विकसित होगी, यह एक पेंडुलस गति दिखाता है। पहली नजर में, यह पहले बताए गए सिद्धांत के विपरीत प्रतीत हो सकता है; यदि पुरुष कोशिका द्वारा संप्रेषित गति दर रोटरी है और महिला कोशिका द्वारा संप्रेषित गति दर पेंडुलस है, तो वे उस तरीके से एकजुट नहीं हो सकते हैं जिस तरह से ध्वनि तरंगें एकजुट होकर “बीट” उत्पन्न करती हैं। हालाँकि, जिन अंडों पर प्रयोग किया गया उनमें मौजूद कोशिकाएँ संदर्भित एककोशिकीय जीव नहीं हैं, बल्कि एककोशिकीय जीवों के संलयन से उत्पन्न जनन कोशिकाएँ (बहुकोशिकीय) हैं।

जीवन के लिए मृत्यु वही है जो प्रकाश के लिए अंधकार है और ध्वनि के लिए मौन वही है। जीव का जीवन उसकी ऊतक कोशिकाओं के निरंतर नवीनीकरण पर निर्भर करता है।

हर साँस के साथ लाखों रक्त कोशिकाएँ बाहर निकलती हैं। जीवन अपनी मध्यवर्ती अवस्था, मृत्यु, के बिना असंभव है, जो अस्तित्व की अवस्थाओं के बीच ध्वनियों के बीच मौन की तरह हस्तक्षेप करती है। सूर्य न केवल प्रकाश का बल्कि जीवन का भी महान स्रोत है। पृथ्वी सूर्य के चुंबकीय क्षेत्र में घूमती है और यदि सूर्य का अस्तित्व मिट जाए तो पृथ्वी पर सारा जीवन समाप्त हो जाएगा। मृत्यु और अंधकार एक साथ राज करेंगे।

मृत्यु से मन में भय उत्पन्न नहीं होना चाहिए। उस कानून में अच्छाई के अलावा कुछ भी नहीं हो सकता है जो उस महान योजना के लिए बहुत आवश्यक है जिस पर ब्रह्मांड का निर्माण हुआ है।

चेतना का अंत मस्तिष्क की गतिविधि के साथ होना चाहिए, क्योंकि यह सीधे तौर पर ऐसी गतिविधि का परिणाम है। हालाँकि, यह साबित नहीं होता है कि हमारे पास साइकोमेरेज़ से बने “आध्यात्मिक शरीर” से संबंधित एक बड़ी चेतना नहीं है, जैसा कि कुछ विद्वान मानते हैं और “अमरता पर नई रोशनी” के रूप में, एक फ्रांसीसी विद्वान ई ई फोरनियर का एक नया काम डी’अल्बे, बी.एससी., ए.आर.सी.एससी., पढ़ाते हैं।

भले ही यह साबित हो जाए कि जब हम मरते हैं, तो हमारा एक हिस्सा हमारे शरीर को छोड़ देता है और पृथ्वी के वायुमंडल में किसी न किसी रूप में मौजूद रहता है, लेकिन इसका मतलब यह नहीं है कि हमारी आत्मा हमेशा के लिए जीवित रहती है। यह बस यह सुझाव देता है कि इस चरण के बाद अस्तित्व का एक और चरण हो सकता है, हम कौन हैं इसकी एक निरंतरता जो हमेशा के लिए बनी रह सकती है, लेकिन यह इसे साबित नहीं करता है।

जब कोई जिसे हम बहुत प्यार करते थे अचानक मर जाता है, तो यह अविश्वसनीय रूप से दर्दनाक होता है। अगर हमें उन्हें दोबारा बेहतर जगह पर देखने की उम्मीद नहीं होती, तो दुख से निपटना मुश्किल होता। पूरे इतिहास में, लोग उन लोगों के साथ फिर से मिलना चाहते हैं जिन्हें उन्होंने खो दिया है और एक खुशहाल जीवन जीना चाहते हैं। यह प्रबल इच्छा बताती है कि इसमें कुछ हो सकता है। यदि वास्तव में इसके बाद कोई और जीवन है, तो हम केवल अनुमान लगा सकते हैं कि यह कितने अद्भुत अनुभव और पुनर्मिलन लाएगा।

हालाँकि, इसके बाद क्या हो सकता है, इस पर बहुत अधिक ध्यान केंद्रित करने के बजाय, आइए हम अपने वर्तमान जीवन का अधिकतम लाभ उठाने पर ध्यान केंद्रित करें। आइए हम हर पल को संजोएं और इससे मिलने वाली हर छोटी चीज का आनंद लें।

❋❋❋

# गति के नियम

ऊर्जा के प्रकट होने के सभी विभिन्न तरीके कुछ स्पष्ट और सटीक नियमों का पालन करते हैं। उदाहरण के लिए, यदि कोई वस्तु स्वतंत्र रूप से गिरती है, तो किसी दिए गए सेकंड में उसके द्वारा तय की गई दूरी की गणना एक विशिष्ट सूत्र का उपयोग करके की जा सकती है।

चूँकि गति ब्रह्मांड में मौलिक है और जीवन और जागरूकता के लिए आवश्यक है, इसलिए न्यूटन के गति के नियमों को समझना बेहद मूल्यवान है। ये नियम ग्रहों जैसे आकाशीय पिंडों तक ही सीमित नहीं हैं; वे सार्वभौमिक रूप से लागू होते हैं, यहाँ तक कि सबसे मजबूत सूक्ष्मदर्शी के लिए अदृश्य सूक्ष्म कणों पर भी। वे तरंगों के हर पहलू को नियंत्रित करते हैं, जिसमें व्यक्तिगत घटक और स्वयं तरंगें भी शामिल हैं। न्यूटन के नियम हमारे शरीर के प्रत्येक परमाणु और समग्र रूप से हमारे शरीर तक विस्तारित हैं।

न्यूटन के गति के नियम हमारे शरीर में प्रत्येक तंत्रिका और रक्त कोशिका में होने वाले कंपन को भी स्पष्ट करते हैं, जो हमारे विचारों, भावनाओं और यहाँ तक कि हमारी इच्छा के लिए जिम्मेदार हैं। इसलिए, इस बात पर जोर देना जरूरी है कि न्यूटन के गति के नियमों का अध्ययन करने से चीजें कैसे संचालित होती हैं, इसकी हमारी समझ में काफी वृद्धि हो सकती है और तत्वमीमांसा के अत्यधिक चिंतन से उत्पन्न भ्रम दूर हो सकता है।

अब, आइए न्यूटन के नियमों की जाँच करें:

1 वस्तुएँ तब तक स्थिर अवस्था में या एक सीधी रेखा में एकसमान गति में रहती हैं जब तक कि उन पर कोई बाहरी बल न लगाया जाए।

2 किसी वस्तु का त्वरण उस पर लगने वाले कुल बल के सीधे आनुपातिक और उसके द्रव्यमान के व्युत्क्रमानुपाती होता है।

3 प्रत्येक क्रिया की समान एवं विपरीत प्रतिक्रिया होती है।

उदाहरण के लिए, जब आप किसी गेंद को पकड़ते हैं तो वह तब तक स्थिर रहती है जब तक आप उसे फेंकने के लिए अपनी माँसपेशियों पर बल नहीं लगाते। छोड़े जाने पर, गुरुत्वाकर्षण गेंद को नीचे जमीन पर खींचता है।

गेंद फेंकने की सरल क्रिया में न्यूटन के तीनों नियम स्पष्ट होते हैं। यदि आपका थ्रो नहीं होता तो गेंद स्थिर रहती। आपके हाथ द्वारा लगाए गए बल के कारण गेंद फेंकने की दिशा में आगे बढ़ी और तय की गई दूरी लगाए गए बल पर निर्भर थी। इसके अतिरिक्त, तीसरे नियम के अनुसार, गेंद की प्रतिक्रिया आपके हाथ पर समान बल लगाती है।

यह सुझाव दिया गया है कि हमारे विचार और भावनाएँ हमें प्रभावित कर सकते हैं, हमारे फोकस के आधार पर प्यार या नफरत के हमारे अनुभवों को प्रभावित कर सकते हैं। हमारे शरीर को समझना और न्यूटन के नियम कैसे लागू होते हैं, इस घटना का रहस्योद्घाटन किया जा सकता है।

हमारे मस्तिष्क में होने वाले कंपन ऊर्जा के केंद्र के समान आसपास के स्थान में तरंगें उत्पन्न करते हैं। हमारे विचारों और भावनाओं की तीव्रता इन कंपनों की गति और दिशा तय करती है। मजबूत कंपन अधिक महत्वपूर्ण तरंगें उत्पन्न करते हैं, ठीक उसी तरह जैसे हवा पानी पर बड़ी तरंगें उत्पन्न करती है। ये तरंगें सभी दिशाओं में फैलती हैं, जिससे हमारे चारों ओर एक क्षेत्र बनता है जो पृथ्वी और हवा में प्रवेश करता है, जो पृथ्वी के बिजली के समान संचरण गुणों से सहायता प्राप्त करता है।

इन तरंगों का पर्याप्त प्रभाव डालने और दूर तक यात्रा करने के लिए, हमारे विचार, इच्छाशक्ति और भावनाएँ तीव्र और शक्तिशाली होनी चाहिए।

गति के पहले नियम को हमारे तंत्रिका केंद्रों पर लागू करने से पता चलता है कि वे तब तक निष्क्रिय या संभावित रूप से हानिकारक रहते हैं जब तक कि बाहरी उत्तेजनाएं कार्रवाई नहीं करतीं, चाहे बाहरी स्रोतों से या हमारे शरीर के भीतर से।

कुछ विचार हमारे दिमाग पर तब तक हावी हो सकते हैं जब तक कि कोई अन्य शक्ति जैसे इच्छाशक्ति या बाहरी उत्तेजना, हमारा ध्यान नहीं बदल देती।

विचार, इच्छाशक्ति या बाहरी कारकों से प्रभावित होने तक भावनाएँ अलग-अलग तीव्रता के साथ बनी रह सकती हैं।

विचारों, भावनाओं या बाहरी ताकतों से प्रभावित होने तक इच्छाशक्ति कमजोर या हठपूर्वक मजबूत रह सकती है। जबकि कमजोर इरादों को आसानी से प्रभावित किया जा सकता है, जिद्दी इरादों को बदलने के लिए काफी ताकत की जरूरत होती है।

दृढ़ इच्छाशक्ति स्वाभाविक रूप से जिद्दी नहीं होती; इसे तर्कसंगत विचारों और भावनाओं द्वारा निर्देशित किया जा सकता है। हालाँकि, इसके पाठ्यक्रम को बदलने के लिए अभी भी पर्याप्त बल की आवश्यकता है।

मानव इच्छाशक्ति अत्यधिक शक्तिशाली है और हम केवल इसकी पूरी क्षमता की सतह को खरोंच रहे हैं।

यह पहचानना महत्वपूर्ण है कि हम हमेशा तरंग गति से घिरे रहते हैं। ईथर और वायु तरंगें लगातार हमारे शरीर के साथ संपर्क करती हैं। जब ये तरंगें हमारी तंत्रिकाओं के माध्यम से मस्तिष्क तक अलग-अलग गति की गति संचारित करती हैं, तो हम संवेदनाओं का अनुभव करते हैं, जो बाहरी उत्तेजनाओं की धारणाएं हैं। यह हमारे शरीर के भीतर तंत्रिका केंद्रों से उत्पन्न होने वाली आंतरिक भावनाओं से भिन्न है।

हालाँकि, हमारे शरीर को छूने वाली सभी तरंगें हमारे तंत्रिका केंद्रों की क्रिया को प्रभावित नहीं करती हैं, इसलिए हम हमेशा उनकी उपस्थिति महसूस नहीं करते हैं।

उदाहरण के लिए, डी फ़ॉरेस्ट द्वारा वायरलेस टेलीग्राफी प्रदर्शन के दौरान, ट्रांसमीटर से निकलने वाली तरंगें उपस्थित सभी लोगों के शरीर से उनकी जागरूकता के बिना गुजर गईं, जैसा कि प्रोफेसर डब्ल्यू जे क्लार्क ने शिकागो "अमेरिकन" में प्रकाशित एक लेख में उल्लेख किया है।

जैसे किसी कंपित शरीर से ध्वनि तरंगें निकलती हैं और एक वायरलेस ट्रांसमीटर से विद्युत तरंगें संचारित होती हैं, वैसे ही हमारे मस्तिष्क की कोशिकाओं में कंपन से उत्पन्न तरंगें भी गोलाकार पैटर्न में फैलती हैं। ये तरंगें वायु तरंगों के समान काम करती हैं, जिससे ध्वनि और आकाशीय तरंगें पैदा होती हैं, जिससे बिजली पैदा होती है।

ध्वनि, प्रकाश और ऊष्मा तरंगों के समान, ये तरंगें उन्हें पकड़ने के लिए तैयार किए गए प्राप्त उपकरण में अनुरूप कंपन को उत्तेजित करती हैं। अन्यथा सोचना न केवल तर्कसंगत है बल्कि अनुचित भी है। जिस तरह प्रकाश, गर्मी और ध्वनि तरंगें परावर्तित होती हैं और बिजली एक प्रतिध्वनि की तरह व्यवहार करती है, उसी तरह हमारे तंत्रिका कंपन से उत्पन्न तरंगें भी उसी तरह परस्पर क्रिया करती हैं।

परावर्तन आमतौर पर प्रकाश, ताप और ध्वनि तरंगों से होता है। उदाहरण के लिए, ध्वनि तरंग परावर्तन के कारण विभिन्न कमरों में एक आवाज अलग-अलग सुनाई देती है। जब समान तरंगें एक-दूसरे को सुदृढ़ करती हैं, तो वे बढ़ जाती हैं, जिससे ध्वनि तेज़ हो जाती है। आयाम, तरंग की गति के उच्चतम और निम्नतम बिंदुओं के बीच की दूरी को दर्शाता है, ध्वनि की मात्रा और बल निर्धारित करता है।

सभी तरंग गतियों में समान गुण होते हैं। हमारे तंत्रिका कंपन से उत्पन्न तरंगें भी क्रिया और प्रतिक्रिया के नियम का पालन करती हैं, कभी-कभी समान तरंगों के साथ सिंक्रनाइज़ होने पर तीव्र हो जाती हैं।

यदि हम लगातार नकारात्मक विचारों और भावनाओं पर ध्यान केंद्रित करते हैं, तो हम प्रतिकूल परिस्थितियों को आकर्षित करने की संभावना रखते हैं। यह अनुभव से प्रमाणित है और क्रिया और प्रतिक्रिया के नियम के अनुरूप है।

संकटपूर्ण परिस्थितियों के बीच भी, पुरानी निराशा और आत्म-दया के आगे झुकना ही हमें दुःख की ओर ले जाता है। अपनी स्थितियों को बेहतर बनाने के लिए, हमें अपनी मानसिकता को सकारात्मकता की ओर मोड़ना चाहिए, क्योंकि हमारे कार्य अनिवार्य रूप से उसी अनुरूप परिणाम देते हैं।

जीवन की तुलना अक्सर जादूगर के हमारे योगदान से भरे प्याले से की जाती है, जो न्यूटन के गति के तीसरे नियम क्रिया और प्रतिक्रिया के नियम को दर्शाता है।

अपने वांछित परिणाम प्राप्त करने के लिए, हमारे प्रयास दृढ़ और अटूट होने चाहिए। हमें अपनी इच्छाशक्ति, विचारों और भावनाओं को अपने लक्ष्यों की ओर निर्देशित करते हुए आशावादी और आनंदमय इच्छाओं को संजोना चाहिए।

हमारे तंत्रिका केंद्रों को हमारे मस्तिष्क केंद्रों द्वारा निर्देशित, दृढ़, मजबूत और निश्चित इच्छाओं से प्रेरित किया जाना चाहिए। सकारात्मक परिणाम प्रकट करने के लिए अपने विचारों और भावनाओं पर नियंत्रण बनाए रखना महत्वपूर्ण है, क्योंकि द्वेषपूर्ण विचार प्रतिकूल परिणाम दे सकते हैं, जबकि परोपकारी और संपूर्ण विचार अच्छा ला सकते हैं।

यह समझना कि स्थितियाँ निरंतर प्रवाह में हैं, ताकतें लगातार कार्य कर रही हैं और प्रतिक्रिया कर रही हैं, हमें प्रभाव डालने और घटनाओं को अपने पक्ष में करने की अनुमति देता है।

गति में प्रत्येक क्रिया या परिवर्तन लागू बल से मेल खाता है और उसके अनुपात में होता है। हालाँकि, हम अक्सर अपने शरीर की शक्ति को कम आंकते हैं। बाहरी कारकों पर भरोसा करने के बजाय, हमें नियंत्रण हासिल करना चाहिए और अपनी अंतर्निहित क्षमता का एहसास करना चाहिए।

जैसे-जैसे हम अपने लिए कार्रवाई करते हैं, हम तेजी से अपनी ताकत को बढ़ते, कायम रहते और विकसित होते हुए देखते हैं। जिस प्रकार आपदाएँ समूहों में घटित होती हैं, उसी प्रकार अनुकूल परिस्थितियाँ भी होती हैं वे बल के केंद्र की ओर बढ़ती हैं, जहाँ सकारात्मक क्रियाएँ तरंगें उत्पन्न करती हैं जो अधिक सकारात्मकता को आकर्षित करती हैं।

हम लगातार गर्मी, प्रकाश और ध्वनि तरंगों के समान नकारात्मक और सकारात्मक दोनों तरंगों से घिरे रहते हैं। जब हम अपने रीढ़ की हड्डी के तंत्रिका केंद्रों में सही प्रकार की क्रिया उत्पन्न करते हैं तो खुशियाँ प्रचुर मात्रा में और अप्रत्याशित रूप से प्रवाहित होती हैं।

आशा अच्छाई के लिए एक प्रबल शक्ति है, लेकिन यह वास्तविक और उत्साही होनी चाहिए। आशा में ऊर्जा और भावना की कमी वास्तव में आशा नहीं है; यह महज एक खोखली नकल है।

❋ ❋ ❋

# मानव शरीर

मुझे मानव शरीर से अधिक आश्चर्यजनक कुछ भी नहीं लगता है, जिसमें तंत्रिकाओं और रक्त वाहिकाओं का जटिल नेटवर्क, इसकी अद्भुत रूप से डिजाइन की गई पाचन प्रणाली, इसके माँसपेशी ऊतक और इसके विभिन्न अंग हैं, जिनमें से प्रत्येक अपने विशिष्ट कार्य के साथ, खराब स्वास्थ्य की चुनौतियों का सामना करते हुए भी। प्रत्येक छोटी कोशिका एक व्यक्ति के रूप में कार्य करती है और तंत्रिका केंद्रों द्वारा बुद्धिमानी से निर्देशित होने पर स्वास्थ्य के नाजुक संतुलन में योगदान देती है।

यहाँ तक कि प्रतीत होने वाली भद्दी कंकाल संरचना भी एक उल्लेखनीय चतुर डिजाइन है, जो न केवल तंत्रिका ऊर्जा को यांत्रिक ऊर्जा में परिवर्तित करती है बल्कि नाजुक अंगों की रक्षा भी करती है।

डॉ आर हचिंसन मानव त्वचा की प्रशंसा करते हुए इसे दुनिया का सबसे अविश्वसनीय कपड़ा बताते हैं। यह रेशम की तरह लचीला, स्टील की तरह मजबूत, खूबसूरती से रंगा हुआ, चमड़े की तरह सख्त और लगभग पारदर्शी है। यह बिजली के खिलाफ एक उत्कृष्ट इन्सुलेटर है, अविश्वसनीय रूप से लचीला है और उल्लेखनीय स्व-मरम्मत में सक्षम है। शरीर के आधे रक्त को धारण करने में सक्षम रक्त वाहिकाओं के नेटवर्क के साथ, यह अत्यधिक तापमान के अनुकूल हो सकता है। लगभग तीन मिलियन पसीने की ग्रंथियों के साथ, यह स्वयं-सफाई में अविश्वसनीय रूप से कुशल है। बहुत कम त्वचा में प्रवेश कर सकता है; यहाँ तक कि शीर्ष पर लगाई जाने वाली अधिकांश दवाएँ या तो शरीर की गर्मी से वाष्पित हो जाती हैं और फेफड़ों द्वारा साँस ले ली जाती हैं या केवल अपनी उपस्थिति और गंध के माध्यम से दिमाग को प्रभावित करती हैं।

त्वचा के चमत्कार प्रभावशाली हैं, लेकिन उनकी तुलना तंत्रिका तंत्र और परिसंचरण के चमत्कारों से नहीं की जा सकती। प्रत्येक कोशिका मार्गदर्शन के लिए तंत्रिका तंत्र और पोषण के लिए परिसंचरण पर निर्भर करती है। और यह नसें ही हैं जो हृदय और रक्त वाहिकाओं को नियंत्रित करती हैं, हमारे परिसंचरण को नियंत्रित करती हैं। यहाँ तक कि हमारी साँस लेना भी उन तंत्रिकाओं पर निर्भर करता है जो श्वसन की माँसपेशियों को नियंत्रित करती हैं।

रीढ़ की हड्डी प्रणाली मूल तंत्रिका तंत्र थी, जो भ्रूण के विकास में सबसे पहले दिखाई देती थी। मेडुला ऑबोंगटा में, मूल रोगाणु कोशिका में कोशिका विभाजन के दौरान शुरू हुई जीवन शक्तियाँ मानव शरीर में अपना काम जारी रखती हैं।

रीढ़ की हड्डी प्रणाली के तंत्रिका केंद्र अभी भी प्रत्येक माँसपेशी की गतिविधियों को निर्देशित करते हैं, जबकि विकास के माध्यम से जोड़े गए उच्च तंत्रिका केंद्र नियंत्रण केंद्र के रूप में कार्य करते हैं। प्रत्येक तंत्रिका केंद्र की अपनी विशिष्ट भूमिका होती है, जो एक पूर्व

निर्धारित योजना के अनुसार कार्य करता है, भले ही कुछ गतिविधियाँ आदतन क्रियाओं के कारण सचेत रूप से निर्देशित लगती हों।

मस्तिष्क, जिसे विचार गतिविधि और चेतना के केंद्र के रूप में जाना जाता है, खोपड़ी के सामने और ऊपरी हिस्से में स्थित है। हालाँकि, सेरिबैलम, सेरिब्रम के नीचे सिर के पीछे स्थित है, कुछ हद तक रहस्यमय बना हुआ है।

सेरिबैलम में अन्य तंत्रिका केंद्रों की तुलना में तंत्रिका पदार्थ की एक अलग व्यवस्था होती है, जो संभवतः इसके विशिष्ट कार्यों की व्याख्या करती है। ऐसा प्रतीत होता है कि यह स्वैच्छिक माँसपेशियों को नियंत्रित करता है क्योंकि जब इसे जानवरों से हटा दिया जाता है, तो वे इन माँसपेशियों पर नियंत्रण खो देते हैं। उनकी गतिविधियाँ अनिश्चित हो जाती हैं, उनमें जोश और उद्देश्य कम हो जाते हैं।

चूँकि इच्छाशक्ति स्वैच्छिक माँसपेशियों को नियंत्रित करती है, सेरिबैलम को हटाने से अनिवार्य रूप से वह अंग हट जाता है जिसके माध्यम से इच्छाशक्ति अन्य तंत्रिका केंद्रों पर कार्य करती है। इससे पता चलता है कि सेरिबैलम इच्छा का स्थान है जैसे सेरेब्रम बुद्धि का स्थान है। आत्म-शक्तियों के उपयोग के लिए डिज़ाइन किए गए जीव में प्रत्येक के लिए क्रिया के विशिष्ट केंद्र होना समझ में आता है।

इच्छा को ऊर्जा का एक रूप माना जाता है और ऊर्जा के सभी रूपों की तरह, यह गति की कुछ दरों का परिणाम है। यह गति, जो इच्छा के रूप में प्रकट होती है, संभवतः सेरिबैलम में तंत्रिका कणों के कंपन से उत्पन्न होती है। इसलिए सेरिबैलम को नष्ट करने से इच्छाशक्ति खत्म हो जाएगी, ठीक उसी तरह जैसे सूर्य को नष्ट करने से प्रकाश खत्म हो जाएगा।

जबकि प्रकाश ईथर के माध्यम से तरंगों में यात्रा करता है, तंत्रिका तंत्र में इच्छाशक्ति के अपने मार्ग होते हैं, जो अपनी गति को अन्य तंत्रिका केंद्रों तक पहुंचाते हैं। कार्यों को उद्देश्यपूर्ण बनाने के लिए इच्छाशक्ति को विचार के साथ काम करना होगा। मूलतः, मानव शरीर एक पावर-हाउस के रूप में कार्य करता है, जो ऊर्जा के एक रूप को दूसरे में परिवर्तित करता है। ऊर्जा के प्रत्येक रूप में क्रिया का अपना निर्दिष्ट केंद्र होता है: मस्तिष्क में विचार, सेरिबैलम में इच्छा, मेडुला ऑबोंगटा में जीवन शक्तियाँ और स्पाइनल रिफ्लेक्स केंद्र

माँसपेशियों में संकुचन और गति पैदा करके इन शक्तियों को यांत्रिक ऊर्जा में परिवर्तित करने की सुविधा प्रदान करते हैं।

मानव शरीर पर चर्चा करने का मेरा इरादा इसके अंगों और कार्यों का विस्तृत विवरण प्रदान करना नहीं है, जैसा कि शरीर विज्ञान की पाठ्यपुस्तक में मिलेगा। बल्कि, मेरा लक्ष्य शरीर विज्ञान और भौतिकी के तथ्यों की तुलना करके निष्कर्ष निकालना है।

ऊर्जा का एक अन्य रूप धमनियों में रक्त द्वारा मस्तिष्क को संचारित गति की दर से उत्पन्न होता है, जो हृदय की क्रिया पर निर्भर करता है। ये पूर्णतः मानसिक भावनाएँ हैं। इन भावनाओं की तीव्रता हृदय की क्रिया की ताकत या कमजोरी के साथ बदलती रहती है। उदाहरण के लिए, जो बात एक व्यक्ति में क्रोध उत्पन्न कर सकती है वह हृदय क्रिया में अंतर के कारण दूसरे को अप्रभावित छोड़ सकती है।

ऐसे मामलों में जहाँ चोट के कारण मस्तिष्क उजागर हो जाता है, दर्द, क्रोध या भय जैसी भावनाओं के कारण मस्तिष्क बाहर निकल जाता है और धमनी स्पंदन के साथ स्पंदित हो जाता है।

जिस तरह इच्छाशक्ति पर जोर देने से सेरिबैलम में माँसपेशियों में तनाव महसूस किया जा सकता है, उसी तरह मजबूत भावनाएं अपने कार्य के केंद्र के रूप में हृदय पर ध्यान केंद्रित करती हैं। यह उस प्राचीन मान्यता की पुष्टि करता है कि हृदय भावनाओं और जुनून का केंद्र है।

प्रतिवर्ती केंद्र न केवल बाहरी शक्तियों से बल्कि शरीर के भीतर बल के आंतरिक केंद्रों से भी उत्तेजना प्राप्त करते हैं। हमारे विचार, भावनाएँ और इच्छाएँ इन केंद्रों को प्रभावित करती हैं, जिससे सोचने, महसूस करने, इच्छाशक्ति और माँसपेशियों की कार्रवाई की आदतें बनती हैं।

मानव शरीर वास्तव में गहन प्रशंसा का पात्र है। अपनी अभिव्यंजक शक्तियों और जटिल रूप से निर्मित हिस्सों के साथ उल्लेखनीय मानव आँख पर विचार करें, प्रत्येक भाग प्रकाश किरणों को प्राप्त करने और रेटिना पर ध्यान केंद्रित करने में भूमिका निभाता है। फिर ऑप्टिक तंत्रिका इन आवेगों को मस्तिष्क के दृश्य क्षेत्र तक पहुंचाती है।

आँख के चमत्कार कान के चमत्कारों से मेल खाते हैं, जो ध्वनि प्राप्त करने, संशोधित करने और संचारित करने के लिए एक उल्लेखनीय उपकरण है। कान के कक्ष के अंदर एक सर्पिल में व्यवस्थित नाजुक तंतु होते हैं, जो हजारों तारों के साथ एक सूक्ष्म वीणा के समान होते हैं। यदि कोई इन तारों को बजा सके, तो वे कानों द्वारा पहचाने जाने वाले प्रत्येक स्वर को पुन: उत्पन्न कर सकते हैं।

ध्वनि उत्पन्न करने और संशोधित करने की स्वर अंगों की उल्लेखनीय क्षमता वास्तव में सराहनीय है। अभ्यास और आदत के माध्यम से, ये अंग प्रति मिनट 1,500 अक्षरों तक उच्चारण कर सकते हैं, जिनमें से प्रत्येक के लिए सटीक स्थिति की आवश्यकता होती है। शब्दों, स्वरों और संगीत के माध्यम से विचारों और भावनाओं को व्यक्त करने की अपनी संरचना और क्षमता के साथ मानव आवाज एक अनमोल संपत्ति है। हालाँकि, हम अक्सर अपनी और दूसरों की ख़ुशी बढ़ाने के लिए इसकी पूरी सराहना करने या इसका उपयोग करने में विफल रहते हैं। इसमें अच्छाई और बुराई दोनों के लिए महान शक्ति है।

हम अक्सर चरित्र पढ़ने की कला के बारे में सुनते हैं। चरित्र अभिव्यक्ति का एक महत्वपूर्ण पहलू आवाज के स्वर में परिलक्षित होता है। नरम स्वर आम तौर पर सुखदायक होते हैं, जब तक कि उनमें कपट या धोखे का संकेत न हो। वांछनीय मौखिक अभिव्यक्ति विकसित करने का एक उपयोगी तरीका सकारात्मक विचारों और भावनाओं को विकसित करना है जिन्हें हम व्यक्त करना चाहते हैं। यह अभिव्यक्ति चाहने वाले अवांछनीय विचारों और भावनाओं का संघर्ष है जो आवाज को अप्रिय बनाता है। एक नरम आवाज जो निष्ठाहीन लगती है, उन लोगों के लिए उतनी ही अप्रिय हो सकती है जितनी कठोर और कर्कश स्वर जो वास्तविकता की कमी का पता लगा सकते हैं।

मानव शरीर उस बर्तन के रूप में कार्य करता है जिसके माध्यम से आत्माएँ एक दूसरे से जुड़ सकती हैं। भले ही इसे हमारे आध्यात्मिक शरीर का केवल बाहरी आवरण माना जाए, फिर भी यह उल्लेखनीय है। हमें इसमें निवास करने के अवसर के लिए आभारी होना चाहिए और इसे त्यागने के बजाय इसका सम्मान करने और इसे संजोने का प्रयास करना चाहिए।

❋❋❋

# आदत का महान नियम

हम अक्सर लापरवाही से उल्लेख करते हैं कि हम आदतन प्राणी हैं, लेकिन हम इस सच्चाई के महत्व को पूरी तरह से नहीं समझते हैं। आदत एक गहन नियम है, जीवन के मूलभूत नियमों में से एक। यह समझना महत्वपूर्ण है कि आदतें कैसे बनती हैं क्योंकि हम लगातार आदतें विकसित कर रहे हैं, चाहे वे फायदेमंद हों या हानिकारक। एक आदत एक हावी शक्ति बन जाती है जो हमें नियंत्रित करती है, अक्सर हमें इसका एहसास भी नहीं होता जब तक कि हम उसकी पकड़ से मुक्त होने का प्रयास नहीं करते। यदि हम अपनी आदतों का आकलन करने के लिए थोड़ा समय लें, तो हम उनकी प्रचुरता और विविधता से आश्चर्यचकित हो जाएँगे।

आदत हमारे जीवन में एक महत्वपूर्ण भूमिका निभाती है। यह वही है जो हमारे शरीर को सुचारु रूप से कार्य करने और आश्चर्यजनक चीजें पूरा करने में सक्षम बनाता है। मैं आपके लिए इसे स्पष्ट करना चाहता हूं: सबसे पहले, हमारी तंत्रिकाएं यह पता लगाती हैं कि हमारे आसपास क्या हो रहा है। फिर, वे उस जानकारी को हमारे मस्तिष्क तक भेजते हैं। मस्तिष्क तब हमारी माँसपेशियों को निर्देश देता है कि क्या कार्रवाई करनी है और वे तदनुसार प्रतिक्रिया करते हैं। जब हम एक ही क्रिया को दैनिक दिनचर्या की तरह बार-बार दोहराते हैं तो यह एक आदत बन जाती है। प्रारंभ में, हमारा मस्तिष्क हमारी माँसपेशियों का मार्गदर्शन करता है, लेकिन अंततः, वे इन क्रियाओं को स्वचालित रूप से करते हैं, हमारे बारे में सोचे बिना भी। हमारी रीढ़, हमारी रीढ़ की हड्डी का हिस्सा, हमारे मस्तिष्क से कुछ भार हटाकर इस प्रक्रिया में मदद करती है, जिससे यह सुनिश्चित होता है कि चीजें सुचारू रूप से चलती रहें। एक बार जब कोई आदत बन जाती है, तो हमारी रीढ़ उससे चिपकी रहना पसंद करती है, भले ही हमारा मस्तिष्क उसे बदलना चाहे। हमारी माँसपेशियाँ रीढ़ की हड्डी के

अनुसार चलने के लिए जल्दी से अनुकूलित हो जाती हैं और परिचित कार्यों को करने में अधिक कुशल हो जाती हैं। रीढ़ की महत्वपूर्ण भूमिका को पहचानना आवश्यक है और यह हमारे व्यवहार को कैसे प्रभावित करती है।

हमारी सारी ताकत रीढ़ की हड्डी के तंत्रिका-केंद्रों में निहित है। वे अतार्किक मूर्ख हैं, लेकिन वे बिना किसी गलती के वही करते हैं, जो करने के लिए मस्तिष्क केंद्र उन्हें प्रशिक्षित करते हैं और जैसा उन्हें कहा जाता है वैसा करने के अलावा उनके पास कोई विकल्प नहीं होता है और लगातार शक्ति में बढ़ते हैं। उनके बिना मस्तिष्क किसी माँसपेशी को हिलाने में शक्तिहीन है; यह उनके समर्थन और सहयोग के बिना उतना ही असहाय है जितना कि सेना, नौसेना और संसद द्वारा छोड़ दिया गया राजा। यह रीढ़ की हड्डी के इन तंत्रिका-केंद्रों की वह यांत्रिक क्रिया है, जिसे हम आदत कहते हैं किसी कार्य को दोहराने की प्रवृत्ति, चाहे वह मानसिक हो या शारीरिक, जिसे मस्तिष्क केंद्र शुरू करते हैं।

जिस व्यक्ति ने शराब पीना शुरू किया उसने यह नहीं सोचा था कि उसे इसकी लत लग जायेगी। उन्होंने कल्पना भी नहीं की थी कि शराब पीना उनके जीवन की सबसे महत्वपूर्ण चीज बन जाएगी और उन्हें निम्न स्तर पर ले जाएगी। अब भी, अपनी दयनीय स्थिति में, वे वास्तव में नहीं जानते कि उनके पतन का कारण क्या है। यह सिर्फ शराब नहीं है जिसने उन्हें बर्बाद कर दिया; यह आदत है वे यह नहीं समझते हैं कि उनका शरीर कैसे काम करता है या कि उन्होंने अपने रीढ़ की हड्डी के तंत्रिका केंद्रों को कुछ ट्रिगर्स पर एक निश्चित तरीके से प्रतिक्रिया करने के लिए प्रशिक्षित किया है। ये तंत्रिका केंद्र उसी तरह से प्रतिक्रिया करते रहते हैं जब तक कि उन्हें अन्यथा प्रशिक्षित न किया जाए। व्यक्ति शराब को दोष दे सकता है, लेकिन जब तक वे वास्तविक मुद्दे अपनी आदत से निपट नहीं लेते, तब तक उनकी नसें उसी तरह प्रतिक्रिया करती रहेंगी, जब भी वे शराब पीने से संबंधित किसी चीज का सामना करेंगे। ये ट्रिगर्स ही हैं जो हमें अपनी आदतों में फंसाए रखते हैं। तंत्रिका केंद्र हमारे मस्तिष्क के निर्देशों का पालन करते हुए, हमारी इंद्रियों के माध्यम से उन्हें भेजे गए संकेतों से संकेत लेते हैं। जब तक हम इन आदतों को बदलने के लिए मजबूत संकेत नहीं भेजेंगे, वे वही करते रहेंगे जो वे करते रहे हैं।

बिना उन्नत मस्तिष्क वाले प्राणियों में जैसे कुछ कशेरुकियों में, रीढ़ की हड्डी के तंत्रिका केंद्र आदत के कारण एक निश्चित पैटर्न का पालन करते हुए, बाहरी ताकतों पर स्वचालित रूप से प्रतिक्रिया करते हैं। उच्च मस्तिष्क केंद्रों के साथ, इस पर कुछ नियंत्रण होता है। हमारी स्वैच्छिक गतिविधियाँ इन उच्च केन्द्रों द्वारा निर्देशित हो सकती हैं।

हमें सिखाया गया है कि प्रत्येक क्रिया हमारे तंत्रिका केंद्रों पर एक छाप छोड़ती है, जिससे हमें इसे दोबारा करने की अधिक संभावना होती है। लेकिन हमें शायद यह एहसास नहीं होगा कि यह कितना महत्वपूर्ण है। आदत तंत्रिका केंद्रों द्वारा कार्यों को दोहराने की यह प्रवृत्ति वह है जो हमें चलने और बात करने जैसी बुनियादी चीजों के साथ-साथ अधिक जटिल कार्यों को करने में सक्षम बनाती है। आदत के बिना, हम कुछ भी सार्थक सीखने या करने में असमर्थ होंगे।

उदाहरण के लिए, संगीतकार आदत से कुशल बनते हैं। इसी तरह हम कुछ भी सीखते हैं। इसलिए, आदत की ताकत को समझना महत्वपूर्ण है। यह एक ऐसी शक्ति है जो हमारे द्वारा शुरू की गई किसी भी चीज पर कब्जा कर लेती है और हमारे बारे में सोचे बिना ही उसे जारी रखती है जैसे-जैसे हम उसे खिलाते हैं, वह ताकत हासिल करती जाती है जब तक कि वह हमें पूरी तरह से नियंत्रित नहीं कर लेती। यह शक्ति केवल नशे की लत वालों के लिए ही प्रासंगिक नहीं है; यह हम सभी को प्रभावित करता है। इससे पहले कि हम नशे की लत से जूझ रहे लोगों का मूल्यांकन करें, हमें इस बात पर विचार करना चाहिए कि हम खुद आदत से कितने नियंत्रित हैं। अगर हम गौर करें तो हमारी कई असफलताओं और समस्याओं का पता इसी शक्ति से लगाया जा सकता है।

यह आदत के कारण ही है कि "अभ्यास परिपूर्ण बनाता है" वाली कहावत सच है। इसके बिना हम किसी भी स्तर का कौशल हासिल नहीं कर सकते। रीढ़ की हड्डी के तंत्रिका केंद्र मस्तिष्क केंद्रों से इनपुट की आवश्यकता के बिना, कुछ ट्रिगर्स के जवाब में हमारी माँसपेशियों को तेजी से चलाना सीखते हैं। एक संगीतकार जिसे कभी हर स्वर और अंगुलियों की गति पर ध्यान केंद्रित करना पड़ता था, वह अंततः जटिल टुकड़ों को सहजता से बजा सकता है। प्रारंभ में यह अजीब था जब मस्तिष्क को हर क्रिया का मार्गदर्शन करना पड़ता था, एक बार

जब रीढ़ की हड्डी के केंद्र कार्यभार संभाल लेते हैं, तो कौशल उभर कर सामने आता है। जो चीज एक बार अजीब थी वह आकर्षक और सुखदायक भी बन जाती है।

यह प्रक्रिया संगीत या अन्य प्रतिभाओं तक सीमित नहीं है। यह हम जो कुछ भी करते हैं उस पर लागू होता है। हमारे तंत्रिका केंद्रों में कार्यों को दोहराने की प्रबल प्रवृत्ति होती है, जो हमारे जीवन को महत्वपूर्ण रूप से आकार देती है। हालाँकि हम इस बात से अवगत हैं कि आदतें कितनी आसानी से बन जाती हैं, हम अक्सर इस बात को नजरअंदाज कर देते हैं कि हमारे अधिकांश कार्य, विशेष रूप से कुशल कार्य, आदतन होते हैं। एक बार जब कार्य आदत बन जाते हैं, तो हमें यह सुनिश्चित करना चाहिए कि वे हानिकारक न हों। ज़्यादा खाना या अत्यधिक लालच आत्म-विनाश की हद तक आदत बन सकता है। हम इसे "उन्माद" कह सकते हैं, लेकिन यह आदत का ही दूसरा रूप है। आदत शक्तिशाली होती है और अक्सर मार्गदर्शन के लिए मस्तिष्क केंद्रों की ओर देखती है, जो त्रुटिपूर्ण और कमजोर हो सकते हैं, उनमें अपनी शक्ति और तंत्रिका केंद्रों पर पड़ने वाले प्रभाव की समझ का अभाव होता है।

चाहे हम बुरे स्वभाव के हों या अच्छे स्वभाव के, यह परिस्थितियों या स्वभाव के बारे में उतना नहीं है जितना आदत के बारे में है। यदि किसी का दृढ़ संकल्प पर्याप्त मजबूत हो तो वह अपनी इच्छानुसार आदतें विकसित कर सकता है। उच्च तंत्रिका केंद्रों का काम निचले तंत्रिका केंद्रों को नियंत्रित करना होता है, जो बड़ी दक्षता के साथ आदेशों के अनुसार कार्य करते हैं। आदेश दिए जाने पर वे कभी नहीं कहते "मैं नहीं कर सकता", जब तक कि उनकी कोशिकाएँ स्वस्थ हैं और तंत्रिकाएं माँसपेशियों तक संदेश पहुंचा सकती हैं। वे तुरंत अटूट आज्ञाकारिता के साथ आवश्यक गतिविधियों को अंजाम देने के लिए काम करना शुरू कर देते हैं, ठीक उसी तरह जैसे सैनिक बिना किसी सवाल के आदेशों का पालन करते हैं। तो फिर, इस बात का ध्यान रखना ज़रूरी है कि हम इन वफादार सैनिकों को क्या आदेश देते हैं। तर्क और निर्णय लेना तंत्रिका केंद्रों के उच्च अधिकारियों से आना चाहिए। कमजोर और अक्षम कमांडर वाली सेना किसी राष्ट्र की सुरक्षा के लिए खतरा पैदा करती है।

हमारी अविश्वसनीय क्षमताओं के बारे में किए जा रहे दावे कुछ लोगों को अतिरंजित और मूर्खतापूर्ण लग सकते हैं, लेकिन वे शारीरिक तथ्यों से समर्थित हैं। फिजियोलॉजिस्ट,

जो अतिशयोक्ति के लिए नहीं जाने जाते हैं, बताते हैं कि इच्छा मस्तिष्क के मोटर केंद्रों को सक्रिय करती है, जो तब रीढ़ की हड्डी के केंद्रों को माँसपेशियों के संकुचन को उत्तेजित करने के लिए संकेत देती है, जिससे उस इच्छा को पूरा करने के लिए आवश्यक विशिष्ट गतिविधियां होती हैं। यह प्रक्रिया सीधी नहीं है और इसमें चेतना और यहाँ तक कि इच्छा और कार्रवाई के बीच देरी भी शामिल हो सकती है, जैसा कि यूरोप जाने की इच्छा रखने वाले किसी व्यक्ति में देखा जाता है, जिसकी इच्छा कई वर्षों के बाद ही पूरी हो सकती है।

पब्लिक स्कूलों में इस्तेमाल होने वाले मार्टिन के "ह्यूमन बॉडी" से लिया गया यह कथन गंभीरता से विचार करने योग्य है। यह हमारे अवचेतन कार्यों में आदत की भूमिका के बारे में बहुत कुछ बताता है, जो आजकल काफी चर्चा का विषय है। जिस तरह से रीढ़ की हड्डी के केंद्र आज्ञाकारी ढंग से इच्छा का जवाब देते हैं वह उल्लेखनीय है। इच्छा इन तंत्रिका केंद्रों पर प्रकाश या बिजली की तरह एक उत्तेजना के रूप में कार्य करती है और उन्हें तदनुसार प्रतिक्रिया करने के लिए मजबूर करती है। यद्यपि इच्छा की प्रतिक्रिया गर्म स्टोव से दूर हटने जितनी तत्काल नहीं हो सकती है, यदि इच्छा मजबूत और लगातार है, तो वांछित परिणाम प्राप्त होने तक तंत्रिका केंद्र काम करना जारी रखेंगे। जब इच्छा एक आदत बन जाती है, तो यह एक शक्तिशाली शक्ति बन जाती है जो तंत्रिका केंद्रों को योजनाएं बनाने और इच्छा पूरी होने तक उन्हें क्रियान्वित करने के लिए मार्गदर्शन करती है।

अप्रत्याशित मदद या अवसर, प्रतीत होता है कि यादृच्छिक, वास्तव में पहले चर्चा की गई भौतिकी के कुछ नियमों द्वारा नियंत्रित होते हैं। यदि इच्छा असंगत या कमज़ोर है, तो यह तंत्रिका केंद्रों के प्रयासों को बनाए नहीं रख पाएगी, जिससे अनिश्चित परिणाम मिलेंगे। हालाँकि, यदि इच्छा प्रबल और अटूट है, तो परिणाम बहुत जल्दी आएँगे, भले ही प्रयास सुसंगत हो लेकिन तीव्रता की कमी हो।

आदत ही हमारे कार्यों और विचारों को संचालित करती है, चाहे वह आदतन सोच हो या व्यवहार। हम उन कार्यों और विचारों को आदत बनने तक दोहराने से कार्य करने और सोचने में अधिक सक्षम हो जाते हैं।

अवांछनीय आदतों में फंसे लोग अक्सर विलाप करते हैं, "काश मैंने शुरुआत न की होती।" शुरुआत में ही सही, आदत धीरे-धीरे ही सही लेकिन हमें फँसा लेती है। यह उस मकड़ी की तरह है जो आनंद के वादे करके बेखबर मक्खी को अपने जाल में फंसा लेती है। एक बार जब हम मूर्खतापूर्वक अपने आप को उलझा लेते हैं, तो आदत मज़ाक में पूछती है, "क्या अब तुम चले जाओगे?"

हमारे तंत्रिका केंद्र कैसे काम करते हैं इसके बारे में हमारी अज्ञानता और कार्यों को दोहराने की उनकी प्रवृत्ति के प्रति हमारी उपेक्षा के कारण, हम आदत को तब तक मजबूत होने देते हैं जब तक हम इसके आज्ञाकारी सेवक नहीं बन जाते। व्यसनी अपने समाधान के लिए कुछ भी त्याग करेगा, चाहे वह अपनी आत्मा बेचने वाला अफ़ीम का शौकीन हो या शराब के लिए अपने बच्चों से भोजन लेने वाला शराबी हो। हम वास्तव में आदत के प्राणी हैं।

जिस क्षण से हम पैदा होते हैं, आदत हमारे कार्यों, विचारों और भावनाओं को प्रबंधित करना शुरू कर देती है। हमारे मस्तिष्क केंद्र चीजों को गति प्रदान करते हैं और उन्हें चालू रखना उनका काम है। इसी से हमें शारीरिक और बौद्धिक शक्ति प्राप्त होती है। एक के ऊपर दूसरे की उपेक्षा करना लाभदायक नहीं है, क्योंकि शरीर और दिमाग को हमेशा शक्ति का संतुलन बनाए रखना चाहिए।

❋ ❋ ❋

# आत्म-नियंत्रण की आदतें

आत्म-नियंत्रण का मतलब है कि मस्तिष्क केंद्र रीढ़ की हड्डी के तंत्रिका केंद्रों को ठीक से प्रबंधित करते हैं ताकि केवल वांछनीय आदतें ही बन सकें। जबकि हम अक्सर "संपूर्ण आत्म-नियंत्रण" के लिए लोगों की प्रशंसा सुनते हैं, यह समझना महत्वपूर्ण है कि इन आदत बनाने वाले केंद्रों को नियंत्रण में रखने के लिए मस्तिष्क केंद्रों को सतर्क रहना चाहिए। यह इस कहावत की सच्चाई को उजागर करता है कि "शाश्वत सतर्कता शक्ति की कीमत है," विशेष रूप से मस्तिष्क रीढ़ की हड्डी के तंत्रिका तंत्र के साथ कैसे संपर्क करता है।

रीढ़ की हड्डी प्रणाली लगातार मस्तिष्क से स्वायत्तता चाहती है, इन तंत्रिका केंद्रों को हमने जो शक्ति दी है उसके बारे में हमारी जागरूकता के बिना आदतें बनाती है। बालों या कपड़ों के साथ छेड़छाड़ करना, माथे पर झुर्रियां डालना या नाखून काटने जैसी छोटी-छोटी हरकतें रीढ़ की हड्डी प्रणाली द्वारा आसानी से पकड़ ली जाती हैं और अनजाने में दोहराई

जाती हैं। हमें शायद इस बात का एहसास भी नहीं होगा कि ये क्रियाएं आदत बन गई हैं, जो इस बात पर जोर देती हैं कि रीढ़ की हड्डी का तंत्रिका तंत्र वास्तव में कितना सक्रिय और मार्गदर्शन की आवश्यकता वाला है।

"घबराहट" रीढ़ की हड्डी के केंद्रों के प्रबंधन में मस्तिष्क केंद्रों द्वारा आत्म-नियंत्रण या मुखरता की कमी से उत्पन्न होती है। हालाँकि, शांति बनाए रखने और शांति की इच्छा पर दृढ़ता से जोर देते हुए रीढ़ की हड्डी के तंत्रिका तंत्र पर ध्यान केंद्रित करके, हम नसों को शांत कर सकते हैं और आत्म-नियंत्रण हासिल कर सकते हैं। हाथों को हथेलियों से मजबूती से बंद करने की मुद्रा अपनाने से रीढ़ की हड्डी प्रणाली उन आदेशों को बताते समय आश्चर्यजनक रूप से उत्तेजित हो जाती है जिनका हम उससे पालन कराना चाहते हैं।

आत्मसंयमी व्यक्ति अपनी रीढ़ की हड्डी को व्यर्थ कार्यों में नहीं लगने देता। डब्ल्यू हैना थॉम्पसन की मस्तिष्क केंद्रों को सवार और रीढ़ की हड्डी को घोड़े के रूप में उपयोग करने पर, आत्म-नियंत्रित व्यक्ति कुशल घुड़सवार की तरह होता है। आत्म-नियंत्रण की आवश्यकता वाले क्षणों में, उनके मस्तिष्क केंद्र बाधाओं को आसानी से नेविगेट करने के लिए "घोड़े" का मार्गदर्शन करते हैं, जबकि एक घबराया हुआ सवार घबरा सकता है और गलतियाँ कर सकता है। रीढ़ की हड्डी प्रणाली की नियंत्रण लेने की प्रवृत्ति को देखते हुए, इसे दृढ़ता से निर्देशित करना आवश्यक है।

आदतें हमारे जीवन में महत्वपूर्ण भूमिका निभाती हैं, हमारे कार्यों और व्यवहार को आकार देती हैं। हालाँकि, हमारे पास यह चुनने की शक्ति है कि हम कौन सी आदतें विकसित करें। हम अत्यधिक काम करने या आलस्य करने, लगातार व्यस्त रहने या समाज से दूर रहने, अत्यधिक चिंता करने या आलस्य से जीवन जीने, तर्क-वितर्क करने या प्रेरणा की कमी की आदतें बना सकते हैं। आदत बनाने वाले तंत्रिका केंद्रों की प्रवृत्ति हमें उन व्यवहारों में चरम सीमा तक धकेलने की होती है, जिनमें हम उन्हें शामिल होने की अनुमति देते हैं। हम अक्सर खुद को उन कार्यों में फंसा हुआ पाते हैं जो हम नहीं करना चाहते हैं और जानते हैं कि वे फायदेमंद नहीं हैं, ऐसा महसूस करते हैं कि हम ऐसा कर सकते हैं। इसे नियंत्रित मत करो लेकिन सच्चाई यह है कि हम कर सकते हैं।

हमारी रीढ़ की हड्डी की प्रणाली, घोड़े की तरह, एक दिशा में तब तक चलती रहेगी जब तक हम इसे एक अलग रास्ते पर पुनर्निर्देशित नहीं कर देते। यह हमेशा बेचैन करने वाला होता है, इसमें व्यस्त रहने की जरूरत होती है, भले ही यह सिर्फ विचारों के साथ ही क्यों न हो। यदि हम इसे दृढ़ता से निर्देशित नहीं करते हैं, तो हम नियंत्रण खो देते हैं और हमारा आत्म-कब्जा खराब हो जाता है।

निष्क्रिय सोच में ताकत की कमी होती है और यह आसानी से एक निष्कर्ष से दूसरे निष्कर्ष पर पहुँच जाती है। जब हम बिना निश्चितता के कार्रवाई के विभिन्न तरीकों के बीच उछलते हैं, तो हमें शक्ति या स्थिरता हासिल नहीं होती है। सच्ची ताकत और साधन संपन्नता सिर्फ सोचने से नहीं, बल्कि जानने से आती है। हमें यह जानने का प्रयास करना चाहिए कि क्या सही है और लगातार उस रास्ते पर चलना चाहिए।

हमें उन आदतों पर गंभीरता से विचार करना चाहिए जो हमारे जीवन को नियंत्रित करती हैं। क्या हम रीढ़ की हड्डी प्रणाली को ठीक से नियंत्रित करने के लिए अपने मस्तिष्क केंद्रों का उपयोग कर रहे हैं या क्या हम उन्हें हमें लक्ष्यहीन या हानिकारक गतिविधियों में ले जाने की अनुमति दे रहे हैं? यदि हम उन्हें सही ढंग से मार्गदर्शन नहीं करते हैं, तो वे उन कार्यों को अंजाम देंगे, जिससे निरर्थक व्यस्तता और असंतोषजनक परिणाम होंगे।

यदि हम अपने विचारों को लक्ष्यहीन रूप से भटकने देते हैं, अपने हाथों और पैरों को व्यर्थ गतिविधियों में संलग्न होने देते हैं और अपने होठों को बिना सोचे-समझे बोलने देते हैं, तो यह जल्द ही एक आदत बन जाती है, जिसके परिणामस्वरूप ऊर्जा बर्बाद होने के अलावा कुछ नहीं मिलता है। आत्म-नियंत्रण पाने के लिए प्रयास की आवश्यकता होती है। जैसा कि किसी ने बुद्धिमानी भरी टिप्पणी की, “अपना मुँह शुरू करके फिर छोड़ न दें। “ हम वांछनीय आदतों को विकसित करके ही अवांछनीय आदतों को समाप्त कर सकते हैं क्योंकि सक्रिय रहने के लिए हमें आदतें बनानी होंगी। आदतें बनाये बिना हम कार्य नहीं कर सकते। हमारे सभी कार्य और विचार केवल गलतियाँ हैं जब तक कि वे आदत न बन जाएँ। यदि यह आदत का नियम नहीं होता, तो हम अभी भी चलना सीख रहे होते, हमेशा प्रयास करते रहते लेकिन वास्तव में कभी कुछ नहीं सीख पाते।

हालाँकि, हमें याद रखना चाहिए कि रीढ़ की हड्डी के तंत्रिका केंद्र अच्छी और बुरी आदतों के बीच अंतर नहीं कर सकते हैं। हम हानिकारक व्यवहारों को उतनी ही आसानी से सीख सकते हैं जितनी आसानी से वांछनीय व्यवहारों को सीख सकते हैं और उनमें उतने ही कुशल बन सकते हैं। इसलिए, हमें न केवल अपने कार्यों को बल्कि अपने विचारों और भावनाओं को भी नियंत्रित करना चाहिए क्योंकि वे भी आदतन हो जाते हैं और अनियंत्रित रहने पर नियंत्रण से बाहर हो सकते हैं।

इच्छाशक्ति हमारे भीतर एक प्रमुख शक्ति है, जो अक्सर खुद को एक तानाशाह की जिद के साथ पेश करती है, अपनी इच्छाओं पर जोर देती है, तब भी जब कारण अन्यथा सुझाव देता है। रीढ़ की हड्डी प्रणाली को इस इच्छा का पालन करना चाहिए और इसके आदेशों को पूरा करना चाहिए, जैसा कि कहा जाता है, "जहाँ इच्छा है, वहाँ राह है। " हालाँकि, यह सच्चा आत्म-नियंत्रण नहीं है। इच्छा को ज्ञान और भावना दोनों द्वारा निर्देशित होना चाहिए। प्रभावी स्वशासन और आत्म-नियंत्रण के लिए इन तीनों ताकतों को सामंजस्यपूर्ण ढंग से मिलकर काम करना चाहिए। अंततः हमारी शक्ति आदत की दिशा में ही निहित है।

यदि हम आत्म-नियंत्रण विकसित करना चाहते हैं, तो सर्वोत्तम तरीकों में से एक है अवांछनीय आदतों पर काबू पाना और उन्हें सकारात्मक आदतों से बदलना शुरू करना। डॉ लियोन एल्बर्ट लैंडोन ने बुरी आदतों को तोड़कर और बच्चों में विपरीत, रचनात्मक आदतों के निर्माण को प्रोत्साहित करके, लूथर बरबैंक द्वारा पौधों को प्रशिक्षित करने की विधि के समान एक विधि का उपयोग किया। तंत्रिका केंद्रों के लिए रचनात्मक और विनाशकारी दोनों आदतों को एक साथ बनाए रखना असंभव है। यदि बच्चों को रचनात्मक आदतें बनाने के लिए निर्देशित किया जाए, तो विनाशकारी आदतें स्वाभाविक रूप से दूर हो जाएँगी। जिस तरह कार्यों को दोहराने की प्रवृत्ति रीढ़ की हड्डी के तंत्रिका केंद्रों से जुड़े सभी मामलों पर लागू होती है, बचपन आदत निर्माण के लिए विशेष रूप से उपयुक्त समय होता है, जिसमें बाद के जीवन की तुलना में बुरी आदतों को आसानी से अच्छी आदतों से बदल दिया जाता है। जबकि

ऐसा कहा जाता है कि "बूढ़े कुत्ते को नई तरकीबें सिखाना कठिन है," अगर किसी व्यक्ति में इच्छाशक्ति हो तो वह अपनी आदतों को बदलने के लिए कभी भी बूढ़ा नहीं होता।

बहुत से लोगों के दुखी परिस्थितियों में फंसे रहने का एक प्रमुख कारण उलझी हुई आदतों से मुक्त होने की उनकी अनिच्छा है। प्रवृत्ति यह है कि उस समय जो सबसे आसान लगता है उसे चुनें, अक्सर बाहरी स्थितियों को हमारे तंत्रिका केंद्रों को नियंत्रित करने की अनुमति देता है, भले ही वे अवांछनीय हों।

शरीर ऊर्जा उत्पन्न और संचारित दोनों करता है। हम दोनों ऊर्जा के निर्माता और उत्पाद हैं, हमारे मस्तिष्क केंद्र जन्म के समय विकसित होकर रीढ़ की हड्डी के केंद्रों तक संचारित ऊर्जा के जनरेटर बन जाते हैं। फिर भी, इन तंत्रिका केंद्रों को तर्क के अनुरूप बनाने की तुलना में उन्हें अपने स्वयं के झुकाव का पालन करने देना अक्सर आसान होता है, जिसके परिणामस्वरूप एक अव्यवस्थित जीवन शैली होती है।

आदत वह शक्ति है जो परिणाम लाती है, चाहे अच्छा हो या बुरा। हमारे पास अपनी इच्छित परिस्थितियाँ बनाने की दिशा में इसे निर्देशित करने की शक्ति है। जब तक हम स्वयं पर नियंत्रण नहीं रखते तब तक हम बाहरी परिस्थितियों पर नियंत्रण नहीं रख सकते। यदि हम आत्म-दया की आदतें विकसित करते हैं और लगातार खुद को दुर्भाग्य के शिकार के रूप में देखते हैं, तो दूसरों के हमसे दूर होने की संभावना अधिक होती है, जिससे अलगाव की हमारी भावना मजबूत होती है। जब तक हम इस मानसिकता और बोलने के तरीके को बनाए रखेंगे, चीजें अनिवार्य रूप से गड़बड़ाती रहेंगी।

एक आत्म-नियंत्रित व्यक्ति के मस्तिष्क केंद्र रीढ़ की हड्डी के केंद्रों पर अपना सबसे मजबूत प्रभाव डालते हैं, जिससे उन्हें उत्तेजनाओं पर प्रतिक्रिया करने से रोका जा सकता है जो क्रोध, शिकायतों या निष्ठाहीन मुस्कुराहट जैसे अवांछनीय कार्यों को उकसा सकता है।

आत्म-नियंत्रण वाला व्यक्ति लगातार सही समय पर उचित बातें करता और कहता है। संयम, आत्म-नियंत्रण का पर्याय, शक्ति की संतुलित स्थिति का प्रतिनिधित्व करता है। इसमें तंत्रिका केंद्रों को व्यवस्थित तरीके से काम करना शामिल है, उच्च केंद्र बुद्धिमानी से और दृढ़ता से निचले केंद्रों को नियंत्रित करते हैं, जिससे प्रभावी परिणाम सुनिश्चित होते हैं।

चूँकि हम लगातार आदत से जुड़ रहे हैं, इसलिए इसका फोकस निर्धारित करना महत्वपूर्ण है। सबसे लाभकारी आदतों में से एक मन की शांतिपूर्ण स्थिति बनाए रखना है तंत्रिका केंद्रों के भीतर एक सामंजस्य, ध्यान आदतन सकारात्मक स्थितियों की ओर निर्देशित होता है।

एक घबराया हुआ व्यक्ति काम करते समय आराम पाने के लिए संघर्ष करता है, अक्सर अनावश्यक गतिविधियों में अपनी ऊर्जा बर्बाद कर देता है जब तक कि थकावट उसे रुकने पर मजबूर न कर दे। हमारे अधिकांश दैनिक कार्य आदत द्वारा संचालित होकर स्वचालित रूप से निष्पादित होते हैं। ऐसे समय में, मन को परेशानियों पर ध्यान केंद्रित करने या बाधाओं पर चिंता करने के बजाय शांतिपूर्ण विचारों पर ध्यान केंद्रित करना चाहिए।

जब मन को आरामदायक रवैया अपनाने और सकारात्मक पहलुओं पर ध्यान केंद्रित करने के लिए प्रशिक्षित किया जाता है, तो कार्यों या अन्य मामलों के बारे में चिंता करने की तुलना में काम बहुत आसान और कम थकाने वाला हो जाता है। लगातार आंतरिक उथल-पुथल परेशानी पैदा करती है, जिससे बीमारी, कलह और विफलता होती है। आंतरिक शांति बनाए रखने से स्वास्थ्य, खुशी और सफलता के लिए महत्वपूर्ण संतुलन बनाए रखने में मदद मिलती है।

❋❋❋

# आदत और बीमारी

आदत के बारे में हमारी समझ से हमें बहुत पहले ही यह सुझाव मिल जाना चाहिए था कि कई बीमारियों के लक्षण वास्तव में आदतें हैं। यदि आप लगभग किसी भी बीमारी के लक्षणों की जाँच करते हैं, तो आपको कम से कम एक ऐसी आदत मिलने की संभावना है जिसे एक आदत के रूप में पहचाना जा सकता है, जो अक्सर अन्य लक्षणों के लिए जिम्मेदार होती है।

प्राचीन समय में, लोगों का मानना था कि बीमारियाँ बुरी आत्माओं के कारण होती हैं, जो कि हर चीज के लिए रोगाणुओं को जिम्मेदार ठहराने और उन्हें खत्म करने के लिए विषाक्त पदार्थों का सहारा लेने की आधुनिक मान्यता की तुलना में सच्चाई के अधिक करीब था। वास्तव में, यह बुरी आत्माएँ नहीं हैं जो बीमारी के दौरान हमें नियंत्रित करती हैं, बल्कि आदत हमारी कमान संभालती है और हमारी स्थिति निर्धारित करती है। चाकुओं और जहरों से बीमारियों से आँख मूंदकर लड़ने के बजाय, हमें बीमारी के असली कारण की पहचान करने के लिए रोगाणुओं से परे देखने की जरूरत है। सूक्ष्मजीव रोग स्थितियों का सिर्फ एक पहलू हैं, बीमारी का मूल कारण नहीं।

हमें केवल लक्षणों से निपटने के बजाय बीमारी और अपराध के स्रोत को संबोधित करने पर ध्यान केंद्रित करना चाहिए। केवल मूल कारण को ख़त्म करके ही हम प्रभावों को रोक सकते हैं। बहुत लंबे समय से, हम अपराध और बीमारी के अंतर्निहित कारणों को संबोधित किए बिना अपराधियों को प्रबंधित करने और बीमारों का इलाज करने में व्यस्त रहे हैं। जब तक ये कारण अनियंत्रित रहेंगे, अपराध और बीमारी पनपती रहेगी और अस्पतालों, जेलों, सर्जनों और जल्लादों जैसी संस्थाओं के पास पीड़ितों की कोई कमी नहीं होगी।

पतनशीलता और आपराधिक व्यवहार में वृद्धि में एक महत्वपूर्ण योगदान शहरी क्षेत्रों में माताओं के बीच नशीली दवाओं और दवाओं का व्यापक उपयोग है। यह हानिकारक आदत, तनावपूर्ण और घबराहट पैदा करने वाली शहरी जीवनशैली के साथ, अपराध और बीमारी के लिए प्रजनन भूमि के रूप में कार्य करती है। ऐसी आदतें अक्सर कठिन परिस्थितियों से निपटने के लिए अपनाई जाती हैं, जो कभी-कभी सामाजिक मानदंडों द्वारा थोपी जाती हैं।

हालाँकि, यह सिर्फ शहर नहीं हैं जहाँ ये समस्याएँ उत्पन्न होती हैं। यहाँ तक कि ग्रामीण क्षेत्रों में भी, जहाँ जीवन अधिक ईमानदार और स्वस्थ माना जाता है, गंभीर अपराध होते हैं। यह स्थान नहीं बल्कि आदत है जो अपराध और बीमारी के प्रसार में महत्वपूर्ण भूमिका निभाती है। जब तक व्यक्ति आदत की शक्ति को नहीं समझते और अपने बच्चों को आदत से नियंत्रित होने के बजाय इसे नियंत्रित करने के लिए शिक्षित नहीं करते, तब तक हम अपराध और बीमारी में कमी की उम्मीद नहीं कर सकते।

आदत की शक्ति को नियंत्रित करने का एकमात्र तरीका इसे पुनर्निर्देशित करना है इसे ध्यान केंद्रित करने के लिए कुछ सकारात्मक देना। हालाँकि हमने सामान्य अर्थों में यह समझ लिया है कि आदत हमारे लिए क्या कर सकती है, लेकिन हमने इसके परिमाण की पूरी तरह से सराहना नहीं की है। हम आदत के प्रभाव को पूरी तरह से रोकने में सक्षम नहीं हो सकते हैं, लेकिन हम अपने लाभ के लिए इसकी ऊर्जा का उपयोग करके इसे हमें नुकसान पहुंचाने से रोक सकते हैं। आदत एक ऐसी शक्ति है जो या तो हमें ऊपर उठा सकती है या हमारे पतन का कारण बन सकती है और हम इसे जो भी कार्य सौंपते हैं वह उस पर अथक प्रयास करती है।

हम इस बात से परिचित हैं कि कैसे आदत एक प्रतिभाशाली पियानोवादक के कौशल को आकार देती है, लेकिन हम अक्सर इस तथ्य को नजरअंदाज कर देते हैं कि हम खांसने, थूकने या नाक साफ करने जैसी आदतों में उतने ही कुशल हो सकते हैं जितना कि हम स्केटिंग या खेलने जैसे अधिक पारंपरिक कौशल में कर सकते हैं। पियानो। हम जो कुछ भी बार-बार अभ्यास करते हैं, आदत यह सुनिश्चित करती है कि हम उसमें तेजी से कुशल हो

जाएँ, जिसमें वह व्यवहार भी शामिल है जिसे हम बीमारी के लक्षणों से जोड़ते हैं। जब हम ऐसी आदतों में संलग्न होते हैं, चाहे विचार में या क्रिया में, जो हमारे शरीर के ऊतकों को नुकसान पहुंचाती हैं, तो हम संभावित स्वास्थ्य समस्याओं का मार्ग प्रशस्त करते हैं। सूक्ष्मजीव इन स्थितियों को बढ़ा सकते हैं, लेकिन वे रोग के विकास में एक द्वितीयक कारक हैं वे एक कारण के बजाय एक प्रभाव हैं।

सर्दी-जुकाम जैसे लक्षण अनिवार्य रूप से ऐसी आदतें हैं जिन्हें किसी भी अन्य आदत की तरह ही तोड़ा जा सकता है नई आदतें बनाकर और सचेत रूप से इस स्थिति से जुड़ी किसी भी चीज से परहेज करके। रूमाल या उन स्थानों जैसे उत्तेजनाओं से दूर रहकर जहाँ लक्षण आमतौर पर उत्पन्न होते हैं, हम अपने रीढ़ की हड्डी के तंत्रिका-केंद्रों की अभ्यस्त प्रतिक्रियाओं को बाधित कर सकते हैं। इन तंत्रिका-केंद्रों को उत्तेजनाओं के आधार पर विशिष्ट आंदोलनों को ट्रिगर करने के लिए पूर्वनिर्धारित किया जाता है, जिस पर प्रतिक्रिया करने के लिए उन्हें प्रशिक्षित किया गया है, ठीक उसी तरह जैसे एक शराबी को दूसरे पेय तक पहुँचने के लिए मजबूर किया जाता है।

हमें आदतों से लड़ने का प्रयास नहीं करना चाहिए; इसके बजाय, हमें उन्हें नई आदतों को विकसित करके प्रतिस्थापित करना चाहिए, जिसकी शुरुआत विचार की आदतों से करनी चाहिए। बीमारी पर काबू पाने के लिए, हमें अपने दिमाग को खुशी के विचारों से भरना चाहिए और उन सर्वोत्तम स्थितियों की कल्पना करनी चाहिए जिन्हें हम अनुभव करना चाहते हैं। हमारा हृदय इस विश्वास से भरा होना चाहिए कि सब कुछ वैसा ही है जैसा हम चाहते हैं।

बीमारी की उपस्थिति को स्वीकार करने और उस पर ध्यान केंद्रित करने के बजाय, हमें स्वास्थ्य के बारे में बोलना और सोचना चाहिए। यह मानसिकता हमारे तंत्रिका-केंद्रों को हमारे भीतर स्वस्थ स्थिति बनाने की दिशा में काम करने के लिए सक्रिय करेगी। जब हम लगातार खुद को बीमारी की उपस्थिति की याद दिलाते हैं और ऐसी आदतें बनाए रखते हैं जो इसके लक्षणों को मजबूत करती हैं, तो हमारे तंत्रिका-केंद्र बाहरी स्रोतों और हमारी अपनी विचार प्रक्रियाओं दोनों से उत्तेजना प्राप्त करते हैं। ऐसी परिस्थितियों में, बीमारी अपरिहार्य

हो जाती है, हमारे विचारों से मजबूत आंतरिक उत्तेजनाएं बीमारी की अधिक गंभीर अभिव्यक्तियों को जन्म देती हैं।

हालाँकि, अगर हम अपने तंत्रिका-केंद्रों को भेजी जाने वाली उत्तेजनाओं के प्रकार को बदलते हैं, उन्हें बाहरी ट्रिगर्स की उपेक्षा करने और स्वास्थ्य को बढ़ावा देने पर ध्यान केंद्रित करने का निर्देश देते हैं, तो आदत उस चीज को फिर से बनाने का काम करेगी जो पहले खराब हो गई थी। डॉ लैंडोन का सुझाव है कि बुद्धिमानी और रूढ़िवादी दृष्टिकोण के माध्यम से लगभग किसी भी ऊतक को पुनर्जीवित किया जा सकता है।

"ब्रेन एंड पर्सनैलिटी" में डब्ल्यू हन्ना थॉम्पसन अस्थमा पर चर्चा करते हुए इस बात पर प्रकाश डालते हैं कि कैसे बचपन के दौरान बनी आदतें जैसे कि काली खांसी के दौरान बड़े पैमाने पर खांसी, लंबे समय तक चलने वाले साँस लेने के पैटर्न को जन्म दे सकती है जो अस्थमा में योगदान करती है। यह उन आदतों के प्रति सचेत रहने के महत्व को रेखांकित करता है जो हम विकसित करते हैं, खासकर जीवन के प्रारंभिक चरणों के दौरान।

"जब सामान्य साँस लेने की आदतें बाधित हो जाती हैं, तो श्वसन केंद्र विभिन्न अभिवाही उत्तेजनाओं के प्रति संवेदनशील हो सकता है जो सामान्य रूप से स्वस्थ अवस्था में किसी का ध्यान नहीं जाता है। उदाहरण के लिए, एक प्रकार का अस्थमा, जिसे 'कैट अस्थमा' के रूप में जाना जाता है, केवल से ही शुरू हो सकता है। कमरे में एक बिल्ली की उपस्थिति, भले ही रोगी जानवर की उपस्थिति से अनजान हो। " एक अन्य उदाहरण में कुट्टू के आटे का समान प्रभाव शामिल है। स्थिति की ये अनोखी प्रतिक्रियाएं पुरानी, सामान्य तंत्रिका संबंधी आदतों में गड़बड़ी के जोखिम को उजागर करती हैं।

यह स्पष्ट है कि ये ट्रिगर करने वाली वस्तुएं जैसे कि बिल्ली या अनाज का आटा, किसी न किसी तरह से आदत से जुड़ी थीं जब यह शुरू में बनी थी। ऐसे समय में जब बाहरी उत्तेजनाएं उन पर प्रभाव नहीं डाल रही हों, तब गहरी और नियमित साँस लेने के पैटर्न को विकसित करके अस्वास्थ्यकर साँस लेने की आदत को तोड़ने की जिम्मेदारी दमा रोगी पर आती है। उन्हें इन बाहरी उत्तेजनाओं पर भी विचार करना चाहिए, जिनके लिए उनके तंत्रिका-

केंद्र आदी हो गए हैं, उन्हें भीतर के उच्च मस्तिष्क-केंद्रों द्वारा प्रदान किए गए मार्गदर्शन से कमतर मानना चाहिए।

जब तक उच्च मस्तिष्क-केंद्र बाहरी उत्तेजनाओं को रीढ़ की हड्डी के केंद्रों की प्रतिक्रियाओं को निर्देशित करने की अनुमति देते हैं, तब तक अवांछनीय आदतें शरीर को नियंत्रित करती रहेंगी। इन उच्च केंद्रों को रीढ़ की हड्डी के केंद्रों को नियंत्रित करने और अधिक लाभकारी आदतों के निर्माण को प्रोत्साहित करने के लिए अपना प्रभाव डालना चाहिए।

"जलवायु परिवर्तन" के लिए जिम्मेदार उपचार वास्तव में आदतों में बदलाव का परिणाम है, जो उन वस्तुओं और स्थितियों से खुद को दूर करके लाया जाता है जो उत्तेजनाओं को ट्रिगर करते हैं और तंत्रिका-केंद्रों को रोग के लक्षणों को बनाए रखने में व्यस्त रखते हैं। जब कोई व्यक्ति, मूल रूप से आदत से गुलाम होकर, एक नए वातावरण में स्थानांतरित होता है, तो वे उन विचारों और वस्तुओं के बारे में भूल जाते हैं जो उन्हें बीमारी से बांधे रखते हैं, जिससे उनके तंत्रिका तंत्र को अधिक लाभकारी गतिविधियों में संलग्न होने की अनुमति मिलती है। हालाँकि, ऐसे मामलों में जहाँ जलवायु बदलने से इलाज नहीं होता है, ऐसा इसलिए होता है क्योंकि व्यक्ति मानसिक रूप से अपनी पुरानी स्थितियों से अलग होने में विफल रहता है, इस प्रकार नए परिवेश से उत्तेजनाओं को उनकी आदतों को प्रभावित करने से रोकता है। विचार की आदतें कार्य की आदतों से पहले आती हैं और जब तक व्यक्ति का ध्यान नई और सकारात्मक परिस्थितियों की ओर नहीं जाता, तब तक वे पुरानी परिस्थितियों से बंधे रहते हैं।

उपचार करने की शक्ति मस्तिष्क-केंद्रों के भीतर निहित है। उनके पास आदत बनाने वाले केंद्रों को नियंत्रित करने की क्षमता और जिम्मेदारी है, जो प्रकृति द्वारा प्रदत्त है। उन्हें जोड़ने वाले "निजी तारों" के माध्यम से, मस्तिष्क-केंद्र बाहरी वस्तुओं की तुलना में रीढ़ की हड्डी के केंद्रों पर मजबूत उत्तेजना डाल सकते हैं, बशर्ते कि वे सक्रिय हों या अपनी अंतर्निहित शक्ति का उपयोग करने के लिए प्रेरित हों।

समस्या बीमारी के संबंध में हमारे ऐतिहासिक भय और अंधविश्वास से उत्पन्न होती है, जिसके कारण हम अपने शरीर की यांत्रिकी को समझने की उपेक्षा करते हैं और एक रहस्यमय रहस्य की तरह लगने वाली चीज के सामने शक्तिहीन महसूस करते हैं। हालाँकि, यदि हम किसी बीमारी के लक्षणों का अनुभव करते हैं, तो यह निर्धारित करना आवश्यक है कि क्या वे आदतों से उत्पन्न होते हैं। एक बार जब हम यह सुनिश्चित कर लेते हैं कि वे ऐसा करते हैं, तो हमारे शरीर के उच्च तंत्रिका-केंद्रों के भीतर इलाज के साधन आसानी से उपलब्ध हो जाते हैं। विचार की आदतें, किसी भी अन्य चीज से अधिक, रीढ़ की हड्डी प्रणाली को रोगग्रस्त स्थितियों से बांधती हैं, जबकि आसपास के वातावरण से संबंधित उत्तेजनाएं इन लक्षणों को बनाए रखने के लिए आवश्यक आवेग प्रदान करती हैं।

बार-बार थूकने की आदत से जुड़ी कोई भी वस्तु, जो सर्दी-जुकाम का एक सामान्य लक्षण है, गले में जमाव को उतनी ही मज़बूती से ट्रिगर करेगी जितनी कि बिल्ली की उपस्थिति "बिल्ली अस्थमा" वाले व्यक्ति में घरघराहट को प्रेरित करेगी। यदि थूकदान को थूकने की आदत से जोड़ा गया है, तो यह नजले से पीड़ित व्यक्ति को चुंबक की तरह आकर्षित करेगा।

कुछ गतिविधियों का समय जैसे कि रात में बिस्तर पर जाना या सुबह उठना, अगर उस समय के दौरान परेशानी हो तो सर्दी बढ़ सकती है, क्योंकि वे पारंपरिक उत्तेजनाएं प्रदान करते हैं जिन पर तंत्रिका-केंद्र प्रतिक्रिया करने के आदी हो जाते हैं। वर्ष के कुछ निश्चित समय या वायुमंडलीय स्थितियाँ रोग के लक्षणों से जुड़ी पुरानी आदतों को भी पुनर्जीवित कर सकती हैं। समय, स्थान, वस्तुएँ, विचार, इच्छाशक्ति और भावनाएँ जैसे कारक आदतों के निर्माण में योगदान करते हैं जो रोग के लक्षणों के रूप में प्रकट होते हैं।

समाधान आदतों को अधिक लाभकारी उपयोग की ओर पुनर्निर्देशित करने में निहित है। इच्छाशक्ति, विचारों और भावनाओं को आदत बनाने वाले तंत्रिका-केंद्रों को रोकना चाहिए और यदि नए वातावरण, वस्तुएं और स्थितियां पुराने को प्रतिस्थापित कर सकती हैं, तो कार्य आसान हो जाता है, क्योंकि उत्तेजनाओं की प्रतिक्रिया में बाधा डालने वाले कोई पूर्व प्रभाव नहीं होते हैं। जब कोई रोगी ठीक हो जाता है और रोग के लक्षणों के निर्माण में योगदान

देने वाले पुराने प्रभावों से पुनः परिचित हो जाता है, तो उन लक्षणों का फिर से उभरना असामान्य नहीं है। यदि रोगी अपने तंत्रिका-केंद्रों पर इन पुराने संबंधों के प्रभाव को समझता है, तो वह पर्याप्त इच्छाशक्ति के साथ, विचार और भावना के माध्यम से अपनी रीढ़ की हड्डी प्रणाली को नियंत्रित कर सकता है, जिससे बाहरी प्रभावों पर प्रतिक्रिया करने की आदत खत्म हो जाती है। आंतरिक उत्तेजनाएं प्रभावकारिता में बाहरी उत्तेजनाओं को पीछे छोड़ देती हैं और यह इस अहसास पर है कि हमें लक्षणों को कम करने के लिए दवाओं का सेवन करने की हानिकारक आदत का सहारा लेने के बजाय इलाज पर भरोसा करना चाहिए।

# विचार की आदतें

"एक विचार बोओ और एक कार्य काटो; एक कार्य बोओ और एक आदत काटो। " मन की अत्यधिक परेशानी का अनुभव करते समय, लोग कभी-कभी व्यक्त करते हैं, "काश मैं सोचना बंद कर पाता! यही वह सोच है जो मुझे ध्यान भटकाने के लिए प्रेरित कर रही है। " कष्टकारी विचारों पर ध्यान केंद्रित करना बंद करने का एकमात्र तरीका अपना ध्यान किसी और चीज पर केंद्रित करना है। यदि हमारी ऐसा करने की इच्छा पर्याप्त प्रबल हो तो हमारे विचारों और भावनाओं को नियंत्रित किया जा सकता है। हालाँकि, यदि हम आदत को मस्तिष्क केंद्रों में सोच के एक निश्चित पैटर्न को बनाए रखने की अनुमति देते हैं, जिसे बनाए रखने के लिए हमने उसे प्रशिक्षित किया है, तो यह हम पर अपना शक्तिशाली प्रभाव डालना जारी रखेगा, जिससे हमें ऐसा महसूस होगा कि हम परेशान करने वाले विचारों से शासित होने से बच नहीं सकते हैं। सोचने का यह पैटर्न किसी भी अन्य आदत के समान है और इसे उसी तरीके से तोड़ा जा सकता है जानबूझकर विपरीत प्रकृति की आदतों को विकसित करके।

बहुत से लोग कर्त्तव्य की भावना से कुत्सित मानसिक वृत्ति बनाए रखते हैं। यदि हमारे ऊपर दुर्भाग्य आ जाए तो इतने लंबे समय तक शोक मनाने की प्रथा बन गई है कि यह एक प्रकार की धार्मिक प्रथा बन गई है। कुछ लोगों के लिए, दुख के हर संभावित पहलू पर ध्यान देना और उसे हर अवसर पर प्रस्तुत करना अभी भी महान चरित्र का संकेत माना जाता है। हालाँकि, यह दर्शन धीरे-धीरे लुप्त हो रहा है और सकारात्मक विचार की आदतों को विकसित करने का बढ़ता प्रचलन, जो खुशहाल परिस्थितियों के निर्माण में योगदान देता है, भविष्य के लिए बहुत बड़ा वादा करता है। हमारी सोचने की आदतें हमारे जीवन को लगातार प्रभावित करती हैं, चाहे वह अच्छे के लिए हो या बुरे के लिए। इसलिए, हमें आदतन विचार

की शक्ति को पहचानना चाहिए और इस बात का ध्यान रखना चाहिए कि कैसे आदतें न केवल हमारे कार्यों को बल्कि हमारे मानसिक कल्याण को भी आकार देती हैं।

उदाहरण के तौर पर, एक महिला थी, जिसके पास अपनी वृद्धावस्था के बावजूद, एक सुखद और पूर्ण जीवन जीने के लिए आवश्यक सभी चीजें थीं। उसके पास धन और मित्रता की क्षमता थी जो उसके जीवन में प्यार ला सकती थी यदि उसने खुद को प्यारा बना लिया होता। हालाँकि, उसने खुद को दूसरों से दूर कर लिया, अपने आस-पास के लोगों को संदेह और अविश्वास की दृष्टि से देखा, किसी भी जीवित प्राणी से प्यार नहीं किया और नकारात्मक विचार पैटर्न को अपने दिमाग पर हावी होने दिया। उसने खुद को "बदसूरत मंत्रों" के प्रभाव के सामने आत्मसमर्पण कर दिया और विचार की इन आदतों को धीरे-धीरे उस पर नियंत्रण हासिल करने दिया जब तक कि उन्होंने उसे पूरी तरह से भस्म नहीं कर दिया, जिससे वह पागल हो गई। उसकी नकारात्मकता की घटनाएँ समय-समय पर उन्मत्त प्रलाप के दौर में

विकसित हुईं। यह, बिना किसी संदेह के, हैबिट का काम था। वह उस अपार शक्ति से अनभिज्ञ थी जिसे उसने खुद पर शासन करने की अनुमति दी थी या यह किस हद तक उसे चला सकती थी।

पागलपन से पीड़ित किसी भी व्यक्ति के मामले में, जब यह शारीरिक मस्तिष्क क्षति का परिणाम नहीं होता है, तो मूल कारण अक्सर विचार की आदतों में खोजा जा सकता है। व्यक्ति ने अपने दिमाग को किसी विशेष विचार या विचारों के समूह पर लगातार ध्यान केंद्रित करने की अनुमति दी है, जब तक कि आदत उन्हें किसी और चीज के बारे में सोचने से नहीं रोकती। भ्रम उनकी वास्तविकता बन जाते हैं, एक विचार अन्य सभी पर भारी पड़ जाता है।

यदि हम खुद को दुखी और निराशाजनक स्थिति में पाते हैं, विलाप करते हैं कि हम केवल सोच सकते हैं और सोच को महत्वहीन या मानसिक पीड़ा का स्रोत मानते हैं, तो हम एक गंभीर गलती कर रहे हैं। हमारी सोचने और महसूस करने की क्षमता हमें खुद को संकट से बाहर निकालने और उस खुशी की ओर ले जाने की गहन शक्ति प्रदान करती है जो हम चाहते हैं। यदि हम अपने विचारों और भावनाओं को दुख और निराशा पर केन्द्रित होने देते हैं, तो हम आदत को हमें ऐसी स्थितियों में बाँधने का निर्देश दे रहे हैं और आदत दिए गए निर्देशों का पालन करती है। यदि हम खुशी चाहते हैं, तो हमें ऐसी विचारशील आदतें विकसित करनी चाहिए जो आनंददायक परिस्थितियों के अनुरूप हों। यदि हम एक पल के लिए भी यह विश्वास करते हैं कि हम सकारात्मक परिणामों की उम्मीद करते हुए निराशा और दुख की पुरानी आदतों से चिपके रह सकते हैं, तो हम खुद को धोखा देते हैं। जितना अधिक हम इस विश्वास पर टिके रहेंगे कि सब कुछ हमारे विरुद्ध काम कर रहा है, उतनी ही अधिक तीव्रता से हम जिन अचेतन शक्तियों का मार्गदर्शन कर रहे हैं वे उस वास्तविकता को प्रकट करने के लिए काम करेंगी। यदि हम अपनी दुखद परिस्थितियों से उबरना चाहते हैं तो हमें अपनी मानसिकता और भावनात्मक स्थिति को बदलना होगा। इससे पहले कि हम बाहरी परिस्थितियों को बदल सकें, हमें पहले अपनी आंतरिक स्थिति को बदलना होगा और बाहरी दुनिया स्वाभाविक रूप से इस आंतरिक परिवर्तन को प्रतिबिंबित करने के लिए समायोजित हो जाएगी।

हम तुरंत महत्वपूर्ण बदलाव लाने की उम्मीद नहीं कर सकते जैसे एक कुशल पियानोवादक तुरंत कठिन संगीत में महारत हासिल नहीं कर सकता। हालाँकि, हम बदलाव शुरू कर सकते हैं और परिणाम देख सकते हैं, ठीक उसी तरह जैसे पियानो बजाना सीखने में देखी गई प्रगति। जैसे-जैसे हम दक्षता में बढ़ते हैं और उत्साहजनक परिणाम देखते हैं, हम बने रहने के लिए प्रेरित होते हैं। यदि हमारी इच्छा में हमारे लक्ष्यों को प्राप्त करने के लिए आवश्यक विशिष्ट आंदोलनों का अभ्यास करने पर तंत्रिका-केंद्रों का ध्यान बनाए रखने के लिए आवश्यक शक्ति का अभाव है, तो वे मजबूत उत्तेजनाओं के जवाब में अन्य आदतें बनाने पर अपना ध्यान आकर्षित करेंगे।

हम अपनी परिस्थितियों में तुरंत बदलाव करना शुरू कर सकते हैं। भले ही वे छोटे हों, एक शुरुआत हमेशा की जा सकती है और पर्याप्त दृढ़ संकल्प के साथ, हम पियानोवादक के समान अभ्यास के माध्यम से प्रगति और अपनी क्षमताओं को बढ़ा सकते हैं। तंत्रिका-केंद्रों की क्रिया दोनों परिदृश्यों में सुसंगत रहती है और जो सिद्धांत एक पियानोवादक के रूप में कौशल प्राप्त करने पर लागू होते हैं, वे हमारी आकांक्षाओं को आगे बढ़ाने में भी लागू होते हैं।

मौजूदा परिस्थितियों और प्रभावों के आगे झुकना हार का कारण बनता है। हालाँकि, जब हम छोटी-मोटी कठिनाइयों पर विजय पाने या आदतन विचार पैटर्न को बदलने से शुरुआत करते हैं, तो हम सशक्तिकरण की एक प्रक्रिया शुरू करते हैं जो हमें ताकत में वृद्धि जारी रखने में सक्षम बनाती है। एक बार जब हम बाधाओं पर काबू पाने की आदत विकसित कर लेते हैं, तो हम एक ऐसी ताकत पैदा कर लेते हैं जो हमें किसी भी स्थिति से दूसरी स्थिति में ले जाने में सक्षम होती है।

बाइबल हमें निर्देश देती है: “प्रार्थना करते समय तुम जो कुछ भी चाहते हो, विश्वास करो कि तुम उन्हें प्राप्त करते हो और तुम उन्हें पाओगे,” और यह आगे इस बात पर जोर देती है कि “कार्यों के बिना विश्वास मरा हुआ है। “ ये शिक्षाएँ, जैसा कि पहले बताया गया है, भौतिकी और शरीर विज्ञान के सिद्धांतों पर आधारित हैं।

यदि हम खुशी चाहते हैं, तो हमें यह निश्चितता अपनानी चाहिए कि खुशी हमारी मुट्ठी में है। यह आत्मा के दुख और पीड़ा में डूबना है जो गति के पैटर्न को ट्रिगर करता है जो हमें दुखी स्थितियों से घेरता है। यदि यह आदत बन जाए तो कोई अन्य परिणाम संभव नहीं लगता। भले ही बाहरी परिस्थितियाँ बदल जाती हैं और हम संक्षेप में मानते हैं कि हमें खुशी मिल गई है, दुःख की गहरी आदत एक निरंतर पीछा करने वाली की तरह बनी रहती है। हम केवल आनंद, स्वास्थ्य और सफलता के आश्वासन में डूबकर ही इससे छुटकारा पा सकते हैं, जब तक कि हम यह मानने की आदत विकसित नहीं कर लेते कि सब कुछ हमारी भलाई के लिए है।

जैसा कि पहले उल्लेख किया गया है, हम हमेशा अपने पर्यावरण में बदलाव की पहल कर सकते हैं। महत्वपूर्ण पहलू वह प्रारंभिक कदम उठाना है। हम हमेशा कुछ छोटी कार्रवाई कर सकते हैं और जैसे ही हम अपनी स्थिति में सुधार करने पर विचार करते हैं, हमें अपने पास ऐसे संसाधन मिलते हैं जिन्हें हम अन्यथा अनदेखा कर देते। शायद इसमें हमारे परिवेश को पुनर्व्यवस्थित करना या कुछ भावनात्मक वस्तुओं को त्यागना शामिल है जो अनजाने में विचार के पुराने पैटर्न को मजबूत करते हैं। कर्तव्य की गलत भावना के कारण अतीत के दुःख के प्रतीकों से चिपके रहना मूर्खता है। खुशी सिर्फ हमारा अधिकार और विशेषाधिकार नहीं बल्कि हमारी जिम्मेदारी भी है।

पीड़ा से जुड़ी वस्तुएं वास्तव में हमें उस पीड़ा का अनुभव करने के लिए आकर्षित कर सकती हैं। मैं माला जैसी वस्तुओं के महत्व को समझ सकता हूँ और कैसे वे उन व्यक्तियों को प्रभावित कर सकते हैं जो लंबे समय से उनके साथ जुड़े हुए हैं, उन्हें विचारों के उत्थान की आदतों से जोड़ सकते हैं। कोई भी वस्तु जो हमें सकारात्मक और नेक विचारों की आदतों से जोड़ती है, मूल्यवान है, जबकि जो वस्तुएं विचारों की अवांछनीय आदतों को जन्म देती हैं, उनसे बचना चाहिए क्योंकि वे एक वास्तविक खतरा पैदा करती हैं। ये वस्तुएँ, किसी भी प्रकार की आदतों से जुड़ी होती हैं, चाहे वह विचार की हो या क्रिया की, तंत्रिका-केंद्रों के लिए उत्तेजना के रूप में कार्य करती हैं, जो उन्हें ऐसी आदतों को बनाए रखने के लिए प्रेरित करती हैं। वे संवेदी तंत्रिकाओं के माध्यम से तंत्रिका-केंद्रों को संकेत भेजते हैं जैसे ध्वनि तरंगें

कान से टकराती हैं और श्रवण तंत्रिका को उत्तेजित करती हैं, जिससे हम ध्वनि के रूप में जो अनुभव करते हैं उसके बारे में हमारी जागरूकता बढ़ती है।

वंशानुगत प्रवृत्तियाँ पीढ़ियों से चली आ रही आदतों द्वारा जीव पर अंकित परिणाम हैं। ये प्रवृत्तियाँ कुछ बीमारियों, नशे के पैटर्न या यहाँ तक कि क्लेप्टोमेनिया जैसे व्यवहार की प्रवृत्ति के रूप में प्रकट हो सकती हैं। हालाँकि, इन प्रवृत्तियों को किसी भी आदत की तरह हमेशा दूर किया जा सकता है यदि उन्हें स्वीकार किया जाए कि वे वास्तव में क्या हैं।

इसलिए, अपराध और बीमारी की यह सभी चिंताजनक व्यापकता हमारे परिचित साथी, आदत से उत्पन्न होती है, जो केवल स्वास्थ्य, खुशी और समृद्धि के लिए लगन और ईमानदारी से काम करने की सही दिशा का इंतजार करता है।

❋ ❋ ❋

# ध्यान और आदत

ध्यान उस स्विच के रूप में कार्य करता है जिसके द्वारा हम आदत को किसी वांछित पथ पर निर्देशित करते हैं। जब हम अपना ध्यान किसी वस्तु या लक्ष्य पर केंद्रित करते हैं, तो आदत उस उद्देश्य को प्राप्त करने या उस उद्देश्य को आगे बढ़ाने के लिए अथक प्रयास करती है। जो भी स्थिति हमारा ध्यान खींचती है, आदत उसे प्रकट करने के लिए प्रयास करेगी।

इसलिए, यह महत्वपूर्ण है कि हम इस स्विच को कैसे प्रबंधित करते हैं। हम या तो इस शक्तिशाली उपकरण का दुरुपयोग कर सकते हैं, इसे छोटी-छोटी बातों पर अपनी ऊर्जा बर्बाद करने की अनुमति दे सकते हैं या हम इसे ऐसे रास्ते पर ले जा सकते हैं जो हमें अपने सपनों को साकार करने की ओर ले जाता है। वैकल्पिक रूप से, गलत ट्रैक चुनने से आपदा हो सकती है।

हमें यह सीखना चाहिए कि अपना ध्यान उस चीज पर कैसे केंद्रित करें जो सबसे अधिक वांछनीय है। जबकि एकाग्रता के मूल्य को व्यापक रूप से मान्यता प्राप्त है, इसके अंतर्निहित सिद्धांत को अक्सर नजरअंदाज कर दिया जाता है। यह लंबे समय से समझा जाता रहा है कि कुछ भी सीखने के लिए हमें अपना ध्यान उस विषय पर लगाना चाहिए। ध्यान हमें ज्ञान प्राप्त करने और कौशल में महारत हासिल करने की अनुमति देता है। ऐसा इसलिए है क्योंकि जब हम कोई प्रक्रिया शुरू करते हैं तो आदत उस पर हावी हो जाती है, नियंत्रण अपने हाथ में ले लेती है और मस्तिष्क को विवरणों पर ध्यान देने के बोझ से मुक्त कर देती है। यह मस्तिष्क को आदत की शक्ति को अधिक प्रभावी ढंग से निर्देशित करने में सक्षम बनाता है, जो उस पर रखी गई किसी भी मांग को पूरा करने में सक्षम है। यह लंबे

समय से माना जाता रहा है कि किसी भी प्रयास में दक्षता केवल इसी प्रक्रिया के माध्यम से हासिल की जाती है, फिर भी इस सच्चाई का गहरा महत्व अक्सर हमसे दूर रहा है।

मानवता बुरी तरह से आदत की चपेट में है, इस हद तक कि अपराध और बीमारियाँ चिंताजनक रूप से व्यापक हैं। इसमें कोई आश्चर्य नहीं होना चाहिए जब हम इस बात पर विचार करते हैं कि किस हद तक ध्यान अपराध और बीमारी पर केंद्रित है। यह अच्छी तरह से समझा जाता है कि कुछ भी सीखने की प्रक्रिया में, हमें अपना ध्यान उस पर तब तक लगाना चाहिए जब तक कि हमारे कार्य और विचार स्वचालित न हो जाएँ आदत से नियंत्रित हमें दक्षता की ओर ले जाएँ। जब हम अपना ध्यान बीमारी या अपराध के विचारों की ओर निर्देशित करते हैं, तो हम उन स्थितियों को प्रभावी ढंग से प्रकट करना सीख रहे होते हैं। यदि ये विचार और भावनाएं आदतन हो जाती हैं, तो रीढ़ की हड्डी प्रणाली अनिवार्य रूप से उस स्थिति या स्थिति का एहसास कराएगी जिस पर हमारा ध्यान केंद्रित है। यह हमें तब तक बीमारी के लक्षण प्रदर्शित करने के लिए प्रेरित करेगा जब तक कि वे लक्षण आदतों में बदल न जाएँ। इसी तरह, अपराध की ओर निर्देशित ध्यान आपराधिक व्यवहार को जन्म देगा, उसी प्राकृतिक प्रक्रिया का पालन करते हुए जिसके द्वारा संगीत पर ध्यान केंद्रित करने से संगीत की क्षमता पैदा होती है ऐसे कार्यों को प्रेरित करके जो इसे विकसित करते हैं। हम अक्सर कहते हैं कि कुछ लोग संगीत नहीं सीख सकते, लेकिन इसका कारण यह है कि उनमें इस पर ध्यान देने के लिए पर्याप्त रुचि नहीं होती है।

आदत सबसे पहले कल्पना के दायरे में काम करती है, जो शुरुआत में दिमाग में उत्पन्न होती है, उसे वास्तविकता में प्रकट करती है। आदत के कारण ही हममें कल्पना की शक्ति आती है। इस तरह, हम स्मृति और अपनी चेतना के समक्ष प्रस्तुत विचारों और तथ्यों के संयोजन के माध्यम से ज्ञान संचय कर सकते हैं। हम एक विचार की कल्पना करते हैं, उस पर अपना ध्यान केंद्रित करते हैं, परिणामों की कल्पना करते हैं और वही शक्ति जो शुरू में कल्पना में काम करती है, हमें योजनाएं बनाने और उन्हें क्रियान्वित करने के तरीके खोजने में मार्गदर्शन करती है। महान संगीतकार, आविष्कारक, कलाकार और अपराधी अपने-अपने

क्षेत्र में "महानता" हासिल करते हैं क्योंकि उनका पूरा ध्यान उस चीज पर केंद्रित होता है जिसमें उनकी सबसे अधिक रुचि होती है और आदत बाकी का ख्याल रखती है।

यदि ध्यान को भटकने दिया जाए तो किसी भी प्रयास में प्रगति असंभव हो जाती है। इसके विपरीत, हम किसी भी चीज पर अपना ध्यान बनाए रखकर उसमें हमेशा प्रगति कर सकते हैं। हमारी एकाग्रता जितनी अधिक तीव्र और सतत होगी, परिणाम उतने ही अधिक होंगे।

हमें यह सोचने और महसूस करने की आदत विकसित करनी चाहिए कि सभी चीजें उन स्थितियों को लाने के लिए मिलकर काम कर रही हैं जो हम चाहते हैं स्वास्थ्य, खुशी और सफलता की स्थिति। वर्तमान क्षण में अपनी शक्ति के भीतर सब कुछ करने से, हम आवश्यकतानुसार प्रत्येक अगले कदम उठाने के लिए अधिक शक्ति आकर्षित करते हैं। इस प्रकार, "यदि हम वर्तमान को सर्वोत्तम संभव बनाते हैं तो भविष्य सर्वोत्तम संभव होगा। "

कल्पना एक ऐसी क्षमता है जो साधना की गारंटी देती है। यह डिज़ाइनर के रूप में कार्य करता है, जबकि हैबिट बिल्डर के रूप में कार्य करता है। सावधानीपूर्वक डिज़ाइन के बिना प्रभावी निर्माण नहीं हो सकता। चूँकि आदत हमेशा कल्पना के डिज़ाइन के अनुसार निर्माण करती है, इसलिए यह महत्वपूर्ण है कि ये डिज़ाइन उस चीज के साथ संरेखित हों जिसे हम वास्तविकता में देखना चाहते हैं। यदि ध्यान अस्थिर और अनिश्चित है, तो कल्पना कम प्रभावी डिजाइन में संलग्न हो सकती है और आदत की शक्ति विचलित हो जाती है।

शब्द और वस्तु दोनों ही ध्यान आकर्षित करने में महत्वपूर्ण भूमिका निभाते हैं। "हार्क! देखो! सुनो! याद रखें!" जैसे शब्द हम सभी का ध्यान सीधा करते हैं और हमारी सभी क्षमताओं को सुनने की मुद्रा में रखते हैं।

"मौन में जाने" के बारे में हाल ही में बहुत चर्चा हुई है। इसमें बस मन को गहन ध्यान की स्थिति में रखना शामिल है; पूरी तरह से शांत हो जाना और बाहरी आवाज़ों को नहीं, बल्कि हमारे भीतर काम कर रही मौन और शक्तिशाली शक्तियों को सुनना। हमारी शक्ति का निर्माण करने वाली महान शक्तियों के साथ इस मौन संवाद में, हम ऊर्जा का नवीनीकरण संतुलन की बहाली पाते हैं।

यदि हमें लगता है कि हमारी नसें अव्यवस्थित हैं, तो हमें आराम की स्थितियों पर ध्यान केंद्रित करके तंत्रिका केंद्रों में संतुलन बहाल करने के अवसर को नजरअंदाज नहीं करना चाहिए। यह शांति किसी भी शोर-शराबे वाली मौखिक अभिव्यक्ति की तुलना में अधिक शक्तिशाली प्रार्थना है जो गहरी भावनाओं को जगाने में विफल रहती है।

जब हमारा ध्यान चिंता में डूब जाता है और चिंता तंत्रिका केंद्रों के भीतर संतुलन को बिगाड़ देती है, तो हम एक दयनीय अस्तित्व जीते हैं और खुद को दयनीय परिस्थितियों में बांध लेते हैं। हम अपनी ऊर्जा व्यर्थ की झंझट में बर्बाद कर देते हैं क्योंकि यह जरूरत से ज्यादा आदत बन गई है। जब हम छोटी-छोटी परेशानियों को नजरअंदाज कर सकते हैं और अपना ध्यान एक महान और योग्य उद्देश्य की ओर लगा सकते हैं, तो हमने सही कदम उठाया है और वर्तमान समय में अपने साधनों के भीतर सब कुछ करके, हम ज्ञान और शक्ति में (आदत के नियम के माध्यम से) प्रगति करते हैं।

"बहुत अधिक उम्मीद मत करो, नहीं तो तुम निराश हो जाओगे" जैसी कहावतों से प्रभावित होकर, हम अपनी सर्वोच्च और श्रेष्ठतम इच्छाओं पर अपना ध्यान केंद्रित करने में झिझक रहे हैं और उम्मीद करने के सामान्य तरीके में, यह सच है। "हम जो चाहते हैं वह हमें मिलता है और उस इच्छा की मात्रा में ही। " यदि हम आधे-अधूरे मन से या अतिउत्साहित भावनाओं के छिटपुट विस्फोटों के साथ उम्मीद करते हैं, तो हम रीढ़ की हड्डी के तंत्रिका-केंद्रों को इस तरह से नियंत्रित करने में विफल रहते हैं जिससे वे हमारी इच्छाओं को साकार करने की दिशा में लगातार और प्रभावी ढंग से काम कर सकें। एक दृढ़ और अटूट दृढ़ संकल्प, असफलताओं से विचलित हुए बिना, तंत्रिका-केंद्रों को योजनाएं बनाने और क्रियान्वित करने के लिए प्रतिबद्ध रखेगा जब तक कि हम अपना वांछित परिणाम प्राप्त नहीं कर लेते।

जब हम सबसे अच्छी और सबसे खुशहाल स्थितियों पर ध्यान केंद्रित करते हैं जिनकी कल्पना हमारा दिमाग कर सकता है तो छोटी-मोटी चिंताएं और चिड़चिड़ाहट हमें परेशान करने की क्षमता खो देती हैं। हम अपने मन को ऊंचे आदर्शों पर स्थापित करने के लिए अनिच्छुक रहे हैं, लेकिन एक बार जब हमें एहसास होता है कि हमारी इच्छाओं की पूर्ति का

एक शारीरिक आधार है और इच्छा प्रकाश की तरह एक तंत्रिका उत्तेजना के रूप में कार्य करती है, तंत्रिका-केंद्रों को योजना बनाने और निष्पादित करने के लिए मजबूर करती है। इच्छा पूरी होती है, हमें उतना ऊँचा लक्ष्य रखने में संकोच नहीं करना चाहिए जितना हमारी इच्छाएँ हमें ले जाती हैं।

जब हम अपना ध्यान सर्वोत्तम और सबसे आनंददायक स्थितियों की ओर लगाते हैं जिनकी कल्पना हमारा मन कर सकता है, तो छोटी-छोटी उपलब्धियाँ स्वाभाविक रूप से अनुसरण करती हैं और सहजता से हमारे पास आती प्रतीत होती हैं क्योंकि हम सबसे खराब के बजाय सर्वश्रेष्ठ की उम्मीद करने की आदत विकसित करते हैं।

हमें बीमारी के बारे में बोलने या सोचने की गलती से बचना चाहिए। स्वस्थ और मजबूत रहने के लिए, हमें स्वस्थ स्थितियों को अपना ध्यान आकर्षित करने देना चाहिए। कुछ व्यक्तियों में बीमारियों के लक्षणों को दोबारा बताने की हानिकारक आदत विकसित हो गई है। इसे बर्दाश्त नहीं किया जाना चाहिए ध्यान इतना मूल्यवान उपहार है कि उसे इस प्रकार अपमानित नहीं किया जा सकता। इसके बजाय, हमें अवांछनीय परिस्थितियों को भूल जाना चाहिए और अपना ध्यान अपनी गहरी आकांक्षाओं को साकार करने पर केंद्रित करना चाहिए।

❋❋❋

# सुझाव और हबी

सुझाव की शक्ति की बढ़ती मान्यता के बावजूद, उपचार और सुधार में ऑटो-सुझाव और सम्मोहक सुझाव का तेजी से उपयोग किया जा रहा है, खतरनाक सुझाव अभी भी प्रचुर मात्रा में हैं। अपराधों को सुर्खियों में सनसनीखेज बनाया जाता है और बीमारियों की ओर इशारा करने वाले विज्ञापन अखबारों में प्रमुखता से छपते हैं।

ये सुझाव बीमारी और अपराध की ओर ध्यान आकर्षित करने के साथ-साथ इन अवांछनीय रास्तों पर चलने वाले व्यक्तियों की शिक्षा में योगदान करते हैं। उदाहरण के लिए, एक अखबार के लेख में लापरवाही से उल्लेख किया जा सकता है कि कई महिलाएं पुलों से कूदकर आत्महत्या कर लेती हैं, जिससे उन लोगों के दिमाग में यह विचार बैठ जाता है जो पहले से ही दुख और निराशा से कमजोर हैं। अन्य, मजबूत सुझावों के माध्यम से ध्यान के पुनर्निर्देशन के बिना, रीढ़ की हड्डी के तंत्रिका-केंद्र माँसपेशियों को इन सुझावों पर कार्य करने के लिए मजबूर करेंगे।

आत्मघाती क्लबों के गठन को भी ऐसे सुझावों के लिए जिम्मेदार ठहराया जा सकता है। यदि प्रत्येक व्यक्ति, बच्चों से लेकर वयस्कों तक, हानिकारक सुझावों को मन में रखने के खतरे और कार्यों को निष्पादित करने के लिए जिम्मेदार तंत्रिका-केंद्रों पर पड़ने वाले उनके प्रभाव को समझ सके, तो अपराध और बीमारी को मस्तिष्क-केंद्रों की बेहतर शक्ति से जबरदस्त प्रतिरोध का सामना करना पड़ेगा। इन मस्तिष्क-केंद्रों में हमारी शांति और खुशी के लिए खतरा पैदा करने वाले किसी भी सुझाव से ध्यान हटाने की क्षमता होती है और रीढ़ की हड्डी प्रणाली को स्वास्थ्य, खुशी और सफलता के सुझावों को परिश्रमपूर्वक आगे बढ़ाने की सुविधा मिलती है।

जब लोग हानिकारक सुझावों से उत्पन्न खतरे के प्रति जागरूक होंगे और अपनी शक्ति को पहचानेंगे, तो ऐसे सुझावों को विकास के लिए कोई उपजाऊ जमीन नहीं मिलेगी। हालाँकि, वर्तमान में, अधिकांश दिमाग इन हानिकारक सुझावों के प्रसार के लिए अनुकूल परिस्थितियाँ प्रदान करते हैं।

बीमारी के खिलाफ शरीर की सुरक्षा को मजबूत करने के लिए, स्वस्थ और आनंदमय स्थितियों पर ध्यान केंद्रित करना और मन और दिल को उत्थानकारी विचारों और भावनाओं से भरना महत्वपूर्ण है। जब मन खुशी से व्यस्त रहता है और माँसपेशियाँ स्वस्थ गतिविधियों में नियोजित होती हैं, तंत्रिका-शक्ति को संतुलित बनाए रखते हैं, तो बीमारी को पनपने के लिए कोई जगह नहीं होगी।

उस उपजाऊ भूमि पर विचार करना कष्टकारी है जिस पर हानिकारक सुझाव फैलाए जा रहे हैं अपर्याप्त पोषण से कमजोर शरीर, आधुनिक जीवन की भागदौड़ और तनाव के कारण नसों पर अभ्यस्त तनाव, दिखावे को बनाए रखने और किसी भी कीमत पर सामाजिक अपेक्षाओं को पूरा करने का दबाव। स्वास्थ्य और मन की शांति के लिए पहले से ही आदत का गुलाम बना हुआ है और इसे अपने लाभ के लिए इस्तेमाल करने के ज्ञान के अभाव में, "जनता" बीमारी और अपराध के प्रति संवेदनशील है। नसों पर अत्यधिक दबाव डालने की आदत अक्सर अस्थायी राहत पाने के साधन के रूप में दवा और शराब पर निर्भरता की ओर ले जाती है, इस तथ्य के बावजूद कि यह शरीर को और अधिक नुकसान पहुँचाना है और गुलाम बना देता है एक भयानक गलती जिसे टाला जा सकता था अगर सुझाव की शक्ति और आदत के साथ इसका संबंध हो बेहतर ढंग से समझा गया।

डांटना, झल्लाना और चिंता करना जल्दी ही आदत बन जाता है, जिससे तंत्रिका-केंद्र इन सुझावों को क्रियान्वित करने में व्यस्त रहते हैं जो परेशानी पैदा करते हैं।

अत्यधिक काम करने वाली नसों से राहत पाने का एकमात्र प्राकृतिक तरीका आराम है। कई लोग आराम को पूरी तरह से शारीरिक मानते हैं और हालांकि वे अपने शरीर को आराम की स्थिति में रख सकते हैं, लेकिन वे अपने दिमाग को चिंताओं और समस्याओं के बारे में चिंता करते रहने देते हैं। जब मन अशांत हो तो शरीर को आराम देना असंभव है। यह

जानने के बावजूद, हम लगातार-आदत से बाहर-उन चीजों के बारे में सोचते रहते हैं जिन्हें हमें आराम करने के लिए भूल जाना चाहिए।

हमारे पास अपने विचारों को नियंत्रित करने की क्षमता है। यदि आदत हमें थका देने वाले विचारों से बांध रही है, तो हमें उन विचारों को अपने दिमाग से निकाल देना चाहिए। ऐसा करने का एकमात्र तरीका उन्हें विपरीत प्रकृति के विचारों के साथ प्रतिस्थापित करना है जब तक कि आदत, जो बदलाव के लिए आसानी से अनुकूल नहीं हो जाती, उस प्रकार के विचारों को उठाती है और जारी रखती है जो हमें सबसे अधिक आरामदायक और आनंददायक लगते हैं।

आराम का सुझाव देने वाले शब्दों को दोहराने से अशांत मन जल्दी ही शांत हो जाएगा और आराम की स्थिति में आ जाएगा। "आराम" शब्द को मानसिक रूप से दोहराना तंत्रिका-केंद्रों में संतुलन बहाल करने और हम जो अनुभव करना चाहते हैं उस पर ध्यान केंद्रित करने (जो सुझाव का कार्य है) के लिए एक मूल्यवान सुझाव है।

जब तक विचार और भावनाएँ परेशानी और दुःख का संकेत देती हैं, तब तक कोई आराम नहीं हो सकता जब तक कि नींद इस अतार्किक चेतना को अस्थायी रूप से शांत करने और शक्ति के संतुलन को बहाल करने के लिए हस्तक्षेप नहीं करती। शरीर को पर्याप्त ऊर्जा से रिचार्ज किया जाता है ताकि हम पहले की तरह चिंता जारी रख सकें और नई आपूर्ति को कम कर सकें।

यह हमारे पास मौजूद उल्लेखनीय जीवन-ऊर्जा का खराब उपयोग है। यदि उन्हें सही सुझाव दिए जाएँ तो हमारे पास मौजूद ताकतें रक्त को साहसी आनंद से भरने और प्रत्येक साँस को जीवन के आनंद के मीठे सार से भरने के कार्य के लिए कितनी उत्सुकता से आगे बढ़ेंगी।

हमें थकाऊ विचारों के माध्यम से अपनी ऊर्जा को नष्ट करने के बजाय काम करते समय आराम करने की आदत डालनी चाहिए। जहाँ आरामदायक सुझाव आदतन होते हैं, वहाँ नर्वस प्रोस्टेशन जैसी कोई चीज नहीं हो सकती। स्व-सुझाव, जहाँ चेतन इच्छा नियंत्रण में होती है, सुझाव का सबसे मूल्यवान रूप है। सम्मोहित व्यक्तियों को दिए गए सुझाव उनके

तंत्रिका-केंद्रों को दूसरे व्यक्ति की इच्छा के नियंत्रण में रख देते हैं, जिससे सचेतन इच्छा कमजोर हो जाती है।

प्रेरक आदर्श वाक्य प्रदर्शित करने की पुरानी प्रथा सुझाव की शक्ति पर आधारित है। यदि स्वास्थ्य और खुशी को बीमारी, दुख और बुराई के समान व्यापक रूप से विज्ञापित किया जाता, तो यह इन हानिकारक सुझावों के नकारात्मक प्रभाव को उलट देता। यदि लोग अच्छाई पर विश्वास करने और उसे बढ़ाने पर उतना ही ध्यान केंद्रित करें जितना वे बुराई पर संदेह करने और उसे बढ़ाने पर करते हैं, तो अच्छाई की जीत होगी। दूसरों के सर्वोत्तम गुणों की चर्चा करना और दोषारोपण की अपेक्षा अधिक प्रशंसा करना बुद्धिमानी होगी।

चरित्र के किसी भी वांछनीय गुण को विकसित किया जा सकता है, जबकि किसी भी अयोग्य गुण को, चाहे वह विरासत में मिला हो या अर्जित किया गया हो, ख़त्म किया जा सकता है। चरित्र के लक्षण बस आदतें हैं और आदतों में उल्लेखनीय क्षमता होती है या तो खतरे के रूप में या अच्छे के लिए एक ताकत के रूप में। आदत हमेशा विचार और भावना के सुझावों पर कार्य करती है, मानसिक छवियों को वास्तविकताओं में बदल देती है।

गैबोरियाउ की एक कहानी में, उनके पसंदीदा जासूस, लेकोक ने एक बार अपराध करने और पहचान से बचने की कुछ योजनाओं का खुलासा करके अपने नियोक्ता, एक खगोलशास्त्री को आश्चर्यचकित कर दिया था। उनकी प्रतिभा को पहचानते हुए, खगोलशास्त्री ने उन्हें बुराई के बजाय अच्छाई के लिए अपने कौशल का उपयोग करने के लिए कानून प्रवर्तन में अपना करियर बनाने की सलाह दी।

शब्द आवश्यक रूप से सुझाव नहीं हैं जब तक कि वे उन विचारों पर ध्यान केंद्रित न करें जिनका वे प्रतिनिधित्व करते हैं। किसी प्रेरक आदर्श वाक्य को बार-बार देखने मात्र से कोई प्रभाव नहीं पड़ेगा यदि उसका अर्थ हमारे साथ मेल नहीं खाता।

निराशा का रवैया निराशाजनक विचारों और भावनाओं को जन्म देगा, जिससे तंत्रिका-केंद्र दुखी स्थिति पैदा करने के लिए प्रेरित होंगे। किसी चीज की इच्छा करते समय हाथों को मजबूती से पकड़ना वांछित परिणाम लाने के लिए तंत्रिका-केंद्रों को एक मजबूत सुझाव भेजता है। यह कब्जे का सुझाव देने वाला एक दृष्टिकोण है, जो कि तंत्रिका-केंद्रों को इस

तरह से कार्य करने की आवश्यकता है जो कब्जे की ओर ले जाए। रोग के सुझावों पर विचार नहीं किया जाना चाहिए, क्योंकि रोगों के नाम भी संकेतात्मक हो सकते हैं यदि वे मन पर गहरा प्रभाव डालते हों।

यह एक आशाजनक संकेत है कि नकारात्मक सुझावों की शक्ति को बेहतर ढंग से समझा जा रहा है और स्वास्थ्य, खुशी और समृद्धि के सुझाव पहले से कहीं अधिक हद तक उनकी जगह ले रहे हैं।

यदि ऐसे सकारात्मक सुझाव गरीबी, बीमारी और अपराध में जन्मे लोगों के दिमाग में जड़ें जमा सकते हैं, तो उनमें इन व्यक्तियों को आदत के बंधन से बाहर निकालने और इस दुखद चक्र को समाप्त करने की क्षमता है।

❋❋❋

# सफेद प्लेग, एक बुगाबू

यदि आप चर्च के लोगों से पूछें कि आत्माओं को बचाने के लिए उन्हें किस चीज की सबसे अधिक आवश्यकता है, तो वे अक्सर उत्तर देते हैं, "पैसा; हमें पैसा नहीं मिल सकता। " इसी तरह, जब डॉक्टरों से पूछा जाएगा कि बीमारियों को ठीक करने के लिए उन्हें क्या चाहिए तो वे भी यही बात कह सकते हैं। "हमें लाखों दीजिए," वे कहते हैं, "और हम न्यूयॉर्क शहर से तपेदिक का उन्मूलन कर देंगे। "

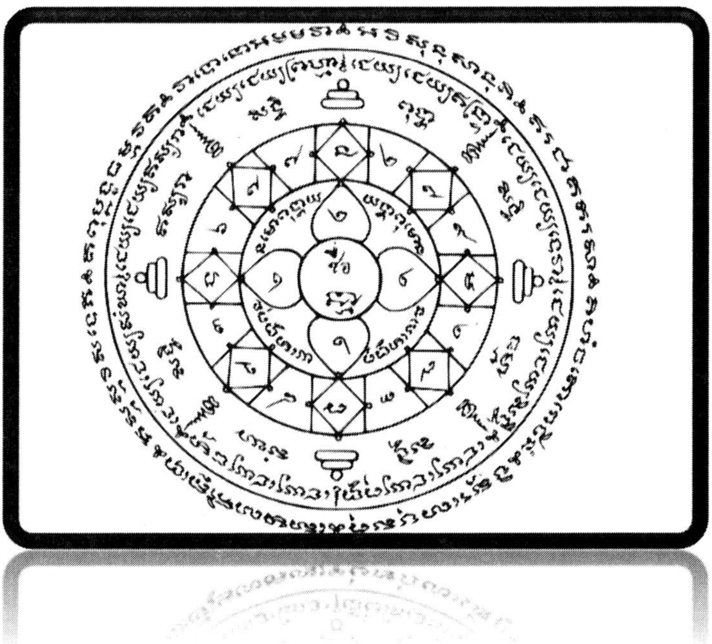

हालाँकि, सच्चाई चर्च के लोगों द्वारा गाए गए गीत के करीब है: "मुक्ति आपके और मेरे लिए मुफ़्त है। " आत्मा और शरीर दोनों की मुक्ति वास्तव में मुफ़्त है। हममें से प्रत्येक के

भीतर सोने की खान है, लेकिन परिणाम प्राप्त करने के लिए इस पर काम करने की जरूरत है। यह आंतरिक सोने की खान "ईश्वर का राज्य" है जिसके बारे में ईसा मसीह ने कहा था कि यह "हमारे भीतर है।" यह मानव तंत्रिका तंत्र के माध्यम से हमारी इच्छित मानसिक और शारीरिक स्थितियों को बनाने की शक्ति है।

आदत के नियम के चश्मे से देखने पर, तपेदिक एक मात्र बुगाबू के रूप में दिखाई देता है, बहुत कुछ उस भयानक राक्षस की तरह जिसने जैक ओ' बीनस्टॉक को अपने अशुभ शब्दों से कांप दिया था। दुर्लभ मामलों में जहाँ तपेदिक फेफड़ों सहित शरीर के सभी ऊतकों को प्रभावित करता है, यह संभवतः अधिकांश, यदि सभी नहीं, तो घातक बीमारियों के लिए जिम्मेदार विचार की आदतों के कारण होता है। यदि मन अस्वस्थ रहता है तो कॉड लिवर तेल या ताजी हवा जैसी कोई भी चिकित्सीय हस्तक्षेप इस स्थिति को नहीं बदल सकती है। मन की लगातार परेशानी या उत्तेजना, तंत्रिकाओं को तनावग्रस्त रखना, अनिवार्य रूप से विनाशकारी परिणामों की ओर ले जाता है, जिसमें बीमारी के लक्षण सबसे संभावित परिणाम होते हैं।

हालाँकि, वही शक्ति जो उत्पात का कारण बनती है, इलाज भी कर सकती है। हमें बस आरामदायक और स्वस्थ स्थितियों पर ध्यान केंद्रित करने की आदत विकसित करने की आवश्यकता है। हम आदत द्वारा प्रदर्शित शक्ति के स्वामी हैं और इसे स्वस्थ ऊतकों के निर्माण के लिए निर्देशित कर सकते हैं।

इस परिप्रेक्ष्य को रॉक्सबरी, मास की मिस क्रिस्टीन ब्राउन ने व्यक्त किया था, जिन्होंने "संगीत की मधुर धुनों और मोहक स्वरों" पर आधारित एक नए स्वास्थ्य पंथ की शुरुआत की है। यह एक बहुत अच्छा विचार है। कोई भी चीज जो बीमारी और पीड़ा से ध्यान हटा सकती है, तंत्रिका केंद्रों को स्वस्थ स्थिति पैदा करने की ओर निर्देशित करती है। ब्राउन ऐसे संगीत का चयन करता है जो प्रकृति, बाहरी वातावरण, आकाश और बढ़ती चीजों की दुनिया को उजागर करता है, धार्मिक चयन या ऐसी किसी भी चीज से बचता है जो उदासी या विरोधी भावनाओं को प्रेरित कर सकती है। हालाँकि यह सही दिशा में एक कदम है, यह केवल शुरुआत है। मरीजों को अपना ध्यान खुश और स्वस्थ स्थितियों पर केंद्रित करने के

महत्व को समझना चाहिए, यह महसूस करना चाहिए कि ऐसा करना बीमारी पर काबू पाने का एकमात्र तरीका है।

इमैनुएल आंदोलन के नेता कहते हैं, "अगर लोग आपसे कहते हैं कि विश्वास के बिना बीमारों को ठीक किया जा सकता है, तो उन पर विश्वास न करें। " "बीमारों को मौत के माहौल से मत घेरो। इसमें कोई शक नहीं, बहुत से लोग इसलिए मर जाते हैं क्योंकि उनके दोस्त, अपने तरीके से दिखाते हैं कि वे उनके मरने की उम्मीद करते हैं और बीमार लोग किसी भी निराशा का कारण नहीं बनना चाहते।

मुझे लगता है कि इस कथन में इलाज के अधिकांश दर्शन का सारांश दिया गया है और यह इन तथ्यों की मान्यता है, न कि ताजी हवा जो उनके रोगियों को मिली, कि डॉ वॉर्सेस्टर और उनके अनुयायी बीस को ठीक करने में सक्षम हुए हैं -पिछले पाँच वर्षों में तपेदिक के पाँच प्रतिशत मामलों का उन्होंने इलाज किया है। यह कहना कि बीमार को मृत्यु के वातावरण से घिरा नहीं होना चाहिए, इसका तात्पर्य विपरीत है। उन्हें स्वास्थ्य और उत्साहपूर्ण जीवन के माहौल से घिरा होना चाहिए। उनके मन में यह बात बिठा देनी चाहिए कि उन्हें अपना इलाज स्वयं ही करना है; वही शक्ति, आदत, जो बिना जाने ही, उन्हें उन पर शासन करने और उन्हें नीचे खींचने की अनुमति दे रही है, उन्हें ऊपर उठाने के लिए बनाया जा सकता है और कोई भी उनके लिए जो कुछ भी कर सकता है वह उन्हें स्वयं की सहायता करने में मदद करना है। ऐसा करने के लिए उन्हें जलवायु परिवर्तन के कारण अजनबियों के बीच जाने की आवश्यकता नहीं है। उन्हें बस अपनी आदतों को बदलना है, शुरुआत विचार की आदतों से करनी है, बीमारी को भूल जाना है, अपना ध्यान सबसे स्वस्थ और खुशहाल स्थितियों पर केंद्रित करना है; और निःसंदेह, ताज़ी हवा, उचित भोजन और सामान्य स्वच्छता स्थितियों से स्वस्थ मानसिक स्थितियों में मदद मिलने की उम्मीद की जाती है।

लेकिन यह ताज़ी हवा नहीं है जो इलाज करती है, न ही यह जलवायु में परिवर्तन है; यह पुरानी अभिवाही उत्तेजनाओं से दूर हो रहा है जिस पर रीढ़ की हड्डी के तंत्रिका-केंद्र तब तक प्रतिक्रिया देंगे जब तक कि मस्तिष्क केंद्रों से मजबूत उत्तेजनाएं उन तक नहीं पहुँच जातीं।

फेफड़ों को प्रभावित करने वाला उपभोग का सबसे आम रूप, इसकी व्यापक प्रकृति और निरंतर वृद्धि के कारण एक महत्वपूर्ण खतरा है। यह आम तौर पर "मामूली लेकिन लगातार खांसी" से शुरू होता है। प्रारंभ में, प्रभावित व्यक्ति, जिसे "कंजम्पटिव" के रूप में जाना जाता है, चिंतित नहीं होता है और उसे लगता है कि उसके साथ कुछ भी गलत नहीं है और वास्तव में, ऐसा नहीं है। वे केवल खांसने की आदत विकसित कर रहे हैं, ठीक उसी तरह जैसे शुरुआती दौर में शराब पीने वाला अपनी आदत से चिंतित नहीं होता है, आदत की अपार शक्ति को पूरी तरह से नहीं समझता है।

उपभोग करने वाला व्यक्ति अपने खांसने का कारण आदत को नहीं बताता। वे इसे अपने फेफड़ों में अप्रिय अनुभूति से राहत पाने के लिए आवश्यक मानते हैं। यह अनुभूति रीढ़ की हड्डी के तंत्रिका-केंद्रों को उत्तेजित करती है, जिससे उन्हें माँसपेशियों की क्रिया के कारण नियमित रूप से प्रतिक्रिया करने के लिए प्रेरित किया जाता है जिसके परिणामस्वरूप खांसी होती है। इस तरह से अपने फेफड़ों के ऊतकों को नुकसान पहुंचाने की आदत बनाने वाले व्यक्ति को यह एहसास नहीं होता है कि यह सिर्फ एक आदत है। वे अपनी रीढ़ की हड्डी प्रणाली को नियंत्रित कर सकते हैं और इसे किसी भी अन्य आदत की तरह ही इस उत्तेजना पर प्रतिक्रिया करने से रोक सकते हैं, जब तक कि परेशानी की अनुभूति कम न हो जाए, अगर आदत से इसे लगातार उत्तेजित न किया जाए।

जैसे-जैसे आदत बढ़ती है, दोस्त चिंतित हो जाते हैं और अक्सर कार्रवाई के लिए प्रेरित करने के लिए तपेदिक के डर का हवाला देते हैं। हालाँकि, क्या किया जाए यह सवाल बना हुआ है। "लाइलाज" इस स्थिति से जुड़ा एक हानिकारक सुझाव है। शायद, बहुत अधिक खर्च करके, उस व्यक्ति को तपेदिक का लबादा पहनाकर, अकेले और दुखी होकर, किसी दूर स्थान पर भेज दिया जाता है, बिना इस संदेह के कि उनकी खांसी एक ऐसी आदत है जिसे वे छोड़ सकते हैं। इसमें कोई आश्चर्य की बात नहीं है कि वे हार मान लेते हैं—जैसा कि अपेक्षित था। वे इस हानिकारक और पूरी तरह से बेकार अभ्यास के माध्यम से अपने फेफड़ों के ऊतकों को नुकसान पहुंचाते हुए, कुशल खांसी करने वाले बन गए हैं, इस बात से

अनजान हैं कि उनके पास फेफड़ों के ऊतकों के स्वास्थ्य को बढ़ावा देने वाली आदतें बनाकर इसे रोकने की शक्ति है।

मैं एक ऐसे मामले के बारे में जानता हूँ जहाँ एक आदमी, जिसे तपेदिक का शिकार माना जाता था, को अगले कमरे में एक बीमार महिला को परेशान करने से बचने के लिए रात के दौरान खांसने से बचना पड़ा। प्रारंभ में, उसे खांसी होने की इच्छा महसूस हुई, क्योंकि वह ज्यादातर रात में खांसी करने का आदी हो गया था। आदत ने, एक तानाशाह की तरह, हर तरह से उसकी माँसपेशियों को उसके फेफड़ों के संकेतों के जवाब में सामान्य गतिविधियां करने के लिए मजबूर करने का प्रयास किया। उनके फेफड़ों में हवा को सामान्य से अधिक देर तक रोके रखने से राहत मिली और सुबह तक उन्हें खांसी नहीं हुई। इससे उन्हें एहसास हुआ कि खांसी को रोकना संभव है। एक बार जब उन्होंने इस विचार को अपनाया, तो उनकी खांसने की आदत छूट गई और वे ठीक हो गए।

आदत अक्सर "बुरी आत्मा" का रूप धारण कर लेती है, जो हमें बीमारियों के लक्षण प्रदर्शित करते रहने के लिए मजबूर करती है। एक कहानी एक साइकिल चालक के बारे में है, जो साइकिल चलाना सीखते समय लगातार एक विशेष टेलीग्राफ पोल से टकराता रहा। दोनों ओर पर्याप्त जगह होने के बावजूद, वह हमेशा उसमें भाग जाता था क्योंकि डर के कारण उसका ध्यान उसी पर केंद्रित हो जाता था। जिस भी चीज पर ध्यान केंद्रित किया जाता है, माँसपेशियों की क्रिया उसके अनुरूप हो जाती है।

यहाँ तक कि एक मौके पर जब साइकिल चालक अपनी बाइक पर चढ़ने से पहले खंभे को पार कर गया था, तब भी उसके विचार उसी में डूबे हुए थे, जिसके कारण वह पीछे घूम गया और खंभे से टकरा गया। हालाँकि जैसे-जैसे साइकिल चालक साइकिल चलाने में कुशल हो जाता है, उसके रीढ़ की हड्डी के तंत्रिका-केंद्र उसकी माँसपेशियों पर पूर्ण नियंत्रण ग्रहण कर लेते हैं, उन्हें बाधाओं से बचने और सहजता से संतुलन बनाए रखने के लिए मार्गदर्शन करते हैं। आदत उसे इन क्रियाओं को स्वचालित रूप से करने की अनुमति देती है, जो उस समय के विपरीत है जब उसके मस्तिष्क-केंद्र अनाड़ी रूप से उसकी गतिविधियों को निर्देशित करते थे। आदत का यही नियम, जिसके कारण पहले वह डर के कारण वस्तुओं

से टकराता था, एक बार उसके तंत्रिका-केंद्रों को अन्य उत्तेजनाओं पर लगातार प्रतिक्रिया करने के लिए प्रशिक्षित करने के बाद उसका सहयोगी बन जाता है।

और ऐसा ही "उपभोग्य" के साथ भी है। वही शक्ति जो उसे नष्ट कर रही है, उसका उपयोग उसे ठीक करने के लिए किया जा सकता है—और कोई अन्य इलाज नहीं है। उसे बचाने के लिए किए गए सभी प्रयासों के बावजूद, उसका भाग्य अंततः उसके ही हाथों में है और ठीक होने की दिशा में पहला कदम सही मानसिक रवैया अपनाना है। उसे केवल आशा ही नहीं करनी चाहिए, बल्कि जानना भी चाहिए कि वह स्वयं को बचा सकता है। उसे आदत को अपने लिए काम करना चाहिए, न कि उसके खिलाफ जैसे साइकिल चालक करता है। उसका अभ्यास एक अलग प्रकृति का होगा, लेकिन उसे सही मानसिक स्थिति बनाए रखने का अभ्यास करना होगा, खांसने की आदत को तोड़ना होगा और अपने दोस्तों को अपनी गंभीर अभिव्यक्तियों और हानिकारक सुझावों से उसे डराने की अनुमति नहीं देनी होगी।

मैंने एक बार एक बहुत ही समझदार युवा महिला को, जिसे किसी ने मूर्खतापूर्ण ढंग से सुझाव दिया था कि वह उपभोग कर सकती है, साहसपूर्वक घोषणा करते हुए सुना, "मुझे फेफड़ों की बीमारी कभी नहीं होगी, क्योंकि अगर मैं खांसी करना चाहती, तो मैं नहीं खाऊंगी। " इस सशक्त कथन में पर्याप्त विश्वास और इसके पीछे किसी भी बीमारी से प्रभावी ढंग से निपटने का दृढ़ संकल्प है।

❋ ❋ ❋

# नींद का रहस्य

नींद हमेशा से जीवन के महान रहस्यों में से एक रही है। नींद की आवश्यकता को बुनियादी मानवीय भूखों में उचित रूप से वर्गीकृत किया गया है। हम नींद के लिए वैसे ही तरसते हैं जैसे हम जीवन के लिए भोजन के लिए तरसते हैं।

डुमास की कहानियों के प्रसिद्ध नायक, डी'आर्टगनन, अपने नौकर को याद दिलाते थे कि "जो सोता है, वह भोजन करता है," जब पैसे कम थे और पेंट्री खाली थी। और इसलिए, उनके वफादार नौकर प्लैंचेट ने, अपने मालिक को ज्ञान और वीरता का प्रतीक मानते हुए, उसका पालन किया और तदनुसार सो गए। सामान्य आराम के घंटे शरीर को उतना तरोताजा नहीं करते, जितना उस रहस्यमय अचेतन अवस्था के कुछ मिनट, जिसे हम स्वप्नहीन नींद कहते हैं।

ऐसे मामलों में जहाँ किसी चोट ने मस्तिष्क को उजागर कर दिया है, यह देखा गया है कि स्वप्नहीन नींद के दौरान, यह गतिहीन रहता है। दूसरी ओर, सपने अपनी जीवंतता के अनुपात में मस्तिष्क को उत्तेजित करते हैं और जागने पर गति और भी अधिक होती है। जब दर्द या क्रोध से उत्तेजित किया जाता है, तो मस्तिष्क महत्वपूर्ण रूप से फैल जाता है और "धमनी स्पंदन के अनुसार तेजी से धड़कता है। " इससे पता चलता है कि गतिविधि की अवधि के दौरान, जो हमेशा चेतना के साथ होती है, रक्त की अधिक आपूर्ति मस्तिष्क को निर्देशित होती है, जिससे उल्लिखित उभार होता है।

स्वप्नहीन नींद में, मस्तिष्क में कम रक्त प्रवाहित होता है और जहाँ तक देखा जा सकता है, मस्तिष्क स्वयं गतिहीन रहता है। मस्तिष्क की गतिविधि बंद होने से चेतना गायब हो जाती है। वह कहाँ गया? हम यांकी शैली में, एक अन्य प्रश्न के साथ उत्तर दे सकते हैं: ऊर्जा का कोई भी रूप गायब होने पर कहाँ जाता है? चेतना, मस्तिष्क पदार्थ के कंपन के कारण होने

वाली गति की दरों का परिणाम है और "प्रकाश और ध्वनि की तरह ही तंत्रिका पदार्थ के लिए एक विशिष्ट उत्तेजना है," ऊर्जा का एक रूप होना चाहिए। इसलिए, प्रकाश और ध्वनि के गायब होने की वही व्याख्या, अर्थात् "हस्तक्षेप", चेतना पर लागू होनी चाहिए।

मस्तिष्क की गतिविधि की समाप्ति के साथ चेतना गायब हो जाती है और इसके नवीनीकरण के साथ फिर से प्रकट होती है।

सवाल उठता है: मस्तिष्क की इस गतिविधि को नियमितता के साथ अस्थायी रूप से निलंबित क्यों किया जाता है, जिससे पता चलता है कि यह कानून द्वारा नियंत्रित है और इसे कैसे लाया जाता है? केवल कुछ मौलिक नियम हैं जिनके अनुसार जीवन और विकास का समर्थन करने वाली प्रक्रियाएं संचालित होती हैं, जो सभी तंत्रिका तंत्र के माध्यम से नियंत्रित होती हैं।

"अभिवाही उत्तेजनाओं," केंद्रित क्रिया और "अभिवाही प्रतिक्रिया" का सिद्धांत पहला कानून है, जबकि आदत का नियम, जो अभिवाही उत्तेजनाओं पर प्रतिक्रिया करने के लिए तंत्रिका-केंद्रों की प्रवृत्ति को निर्धारित करता है, दूसरा और सबसे महत्वपूर्ण है। इसके अतिरिक्त, एक तीसरा नियम भी है जिसके माध्यम से उच्च तंत्रिका-केंद्र निचले तंत्रिका-केंद्रों को रोकते या नियंत्रित करते हैं।

चेतना के दौरान, मस्तिष्क केंद्र निचली रीढ़ की हड्डी के केंद्रों को नियंत्रित करते हैं और उन्हें आदेशों को निष्पादित करने में व्यस्त रखते हैं। पहले, रीढ़ की हड्डी प्रणाली, मूल तंत्रिका तंत्र के रूप में, केवल बाहरी स्रोतों से आने वाली उत्तेजनाओं पर प्रतिक्रिया करती थी। हालाँकि, उच्च तंत्रिका-केंद्रों से उत्तेजनाओं की शुरूआत के लिए अधिक प्रयास की आवश्यकता होती है और इसकी गतिविधि के दौरान मस्तिष्क में रक्त प्रवाह के एक महत्वपूर्ण अनुपात को पुनर्निर्देशित किया जाता है।

रीढ़ की हड्डी प्रणाली उच्च तंत्रिका-केंद्रों के हस्तक्षेप के बिना, शरीर को स्वतंत्र रूप से नियंत्रित करने की आदी हो गई थी। हालाँकि, ये उच्च केंद्र अब जटिल आदेश जारी करते हैं, जिन्हें वांछित परिणाम प्राप्त करने के लिए रीढ़ की हड्डी प्रणाली को सटीक रूप से निष्पादित करने में अक्सर वर्षों लग जाते हैं।

डब्लू हैना थॉम्पसन ने मस्तिष्क-केंद्रों के जुड़ने से पहले रीढ़ की हड्डी प्रणाली की तुलना बिना सवार वाले घोड़े से की है। मस्तिष्क-केंद्रों का जोड़ एक सवार के रूप में कार्य करता है, जो घोड़े को विभिन्न अपरिचित कार्यों के माध्यम से निर्देशित करता है जो उसकी ताकत पर दबाव डालते हैं और उसके संसाधनों के एक हिस्से की आवश्यकता होती है।

"ब्रेन एंड पर्सनैलिटी" के लेखक का सुझाव है कि नींद के दौरान, सवार स्वेच्छा से आराम करने के लिए नियमित अंतराल पर उतरता है और घोड़े को भी आराम करने देता है। हालाँकि, उच्च तंत्रिका-केंद्रों का शरीर की तंत्रिकाओं पर विशेष नियंत्रण नहीं होता है। यदि सवार उतरकर आवश्यक आराम नहीं देता है, तो घोड़ा विद्रोह कर देगा और उसे गिरा देगा। जीवन-शक्तियां मस्तिष्क-शक्तियों से अधिक मजबूत होती हैं और उस स्वतंत्रता की मांग करती हैं जिसकी आदत ने उन्हें आदी बना दिया है, खासकर जब शक्ति संतुलन को बहाली की आवश्यकता होती है। जीव की समग्र ऊर्जा इस संतुलन को बनाए रखने पर निर्भर करती है।

जबकि चेतना स्वैच्छिक माँसपेशियों को नियंत्रित करती है, यह श्वास और परिसंचरण की नियमितता को बाधित करती है। उत्साह, श्रम और चेतना से जुड़ी विभिन्न भावनाएँ और जिम्मेदारियाँ जीवन-प्रक्रियाओं की अभ्यस्त नियमितता को बिगाड़ देती हैं, जिससे शक्ति के इस असंतुलन के कारण थकान होती है।

एक स्वस्थ व्यक्ति की गहरी और स्थिर साँस पर ध्यान दें। आदिम रीढ़ की हड्डी के तंत्रिका तंत्र ने फिर से नियंत्रण हासिल कर लिया है। मस्तिष्क केंद्र शांत होते हैं, जिससे जीवन को बनाए रखने के लिए आवश्यक अंगों में अधिक रक्त प्रवाहित होता है। शायद, एक कुशल सवार की तरह जिसे घोड़े ने फेंक दिया है, उच्च तंत्रिका-केंद्रों को त्याग दिया गया है और जीव शांति में है, उस समय की याद दिलाता है जब यह पूरी तरह से रीढ़ की हड्डी प्रणाली पर काम करता था। जीवन-शक्तियों को पूरा करने के लिए महत्वपूर्ण कार्य हैं और ऐसा करने के लिए उन्हें मस्तिष्क केंद्रों के हस्तक्षेप से मुक्ति की आवश्यकता होती है। इसलिए, जब थकान के संकेत महत्वपूर्ण तंत्रिका-केंद्रों तक पहुँचते हैं तो निषेध का नियम उन्हें शरीर पर पूर्ण नियंत्रण ग्रहण करने में सक्षम बनाता है।

जब हम स्वेच्छा से सो जाते हैं, तो हमारे विचार धीरे-धीरे बंद हो जाते हैं। प्रत्येक मस्तिष्क केंद्र शांत हो जाता है और हम धीरे-धीरे बाहरी उत्तेजनाओं के बारे में जागरूकता खो देते हैं। हम पूरी तरह से एक ही लक्ष्य पर ध्यान केंद्रित करते हैं: विश्रामपूर्ण विस्मृति। यदि हमारा ध्यान इसी उद्देश्य पर केन्द्रित रहे तो अनिद्रा असंभव हो जाती है। लगातार जागते रहने के मामलों में, समस्या अक्सर हमारे ध्यान को भटकने देने या उन विचारों पर ध्यान केंद्रित करने से उत्पन्न होती है जो आराम के लक्ष्य से भटकाते हैं। यह प्रवृत्ति एक आदत में विकसित हो सकती है, जिसके परिणामस्वरूप अनिद्रा हो सकती है। हालाँकि, अपना ध्यान वांछित परिणाम: नींद की ओर निर्देशित करने की आदत बनाकर इस पर काबू पाया जा सकता है।

हालाँकि, नींद हमें हमेशा ताज़गी प्रदान नहीं करती है। चिंताओं और उत्तेजना से भरे एक दिन के बाद, हम सोने के लिए लेट गए, लेकिन हमारा दिमाग उन गतिविधियों में व्यस्त रहता है जो उन्हें उत्तेजित करती हैं, चेतना को पूरी तरह से नष्ट होने से रोकती हैं। ड्रीमलैंड, अपनी सभी बेतुकी बातों के साथ, अक्सर अजीब तरह से वास्तविक लगता है और पूरे इतिहास में, सपनों को महत्व दिया गया है। सपनों के महत्व में विश्वास उन्हें प्रभावशाली बना सकता है और यदि कोई सपना एक मजबूत प्रभाव छोड़ता है जो एक सुझाव बन जाता है, तो यह भविष्यसूचक भी लग सकता है। उदाहरण के लिए, चांडलर, इंडियाना के एक युवक ने एक सपने को अपने दिमाग पर इस हद तक हावी होने दिया कि उसने उसे पूरा कर लिया, जिस लड़की ने अपनी सगाई तोड़ दी थी, उसके पसंदीदा प्रेमी और अंततः खुद को गोली मार दी, जैसा कि उसने सपना देखा था। तंत्रिका तंत्र की गतिविधि को निर्देशित करने के लिए हानिकारक सुझावों की अनुमति देने के खतरे पर ध्यान दिया जाना सुखद है, जैसा कि इस त्रासदी को याद करते हुए अखबार के लेख में उजागर किया गया है। यह विषय अत्यधिक ध्यान देने योग्य है क्योंकि एक सपना या एक विचार केवल तभी एक सुझाव बन सकता है जब हम उसे अपने ऊपर गहराई से प्रभाव डालने की अनुमति दें।

सोने से पहले, मन को शांतिपूर्ण और आनंदमय विचारों में व्यस्त रखना चाहिए, धीरे-धीरे विस्मृति की ओर जाना चाहिए दिन की उथल-पुथल से मुक्ति।

भ्रूण के विकास के दौरान, रीढ़ की हड्डी प्रणाली के माध्यम से कार्य करने वाली जीवन-शक्तियाँ, जीव पर पूर्ण नियंत्रण बनाए रखती हैं। मस्तिष्क केंद्र जन्म तक निष्क्रिय रहते हैं और विकास के प्रारंभिक चरण को निश्चित जीवन-आदतों के पालन द्वारा चिह्नित किया जाता है जो पहले के विकासवादी चरणों की याद दिलाते हैं। एक रोगाणु कोशिका से मानव जीव का विकास, जो प्याज में विकसित होता है, नई क्षमताओं के जुड़ने से सरल जीवन रूपों की प्रगति को दर्शाता है। हालाँकि, चेतना की क्षमता जीवन-शक्तियों के बोझ में जटिलता जोड़ती है और शिशु बड़े पैमाने पर सोते हैं क्योंकि रीढ़ की हड्डी के केंद्र शरीर के भीतर से उत्तेजनाओं पर प्रतिक्रिया करने के लिए अनुकूलित होते हैं। कुछ समय के लिए मस्तिष्क केंद्रों के प्रति समर्पण के बावजूद, रीढ़ की हड्डी प्रणाली समय-समय पर पूर्ण नियंत्रण प्राप्त कर लेती है।

बच्चों को वयस्कों की तुलना में अधिक नींद की आवश्यकता होती है क्योंकि उनकी जीवन-शक्ति सक्रिय रूप से जीव के निर्माण में लगी होती है और निषेध के नियम के माध्यम से, जब थकान उन्हें संकेत देती है तो वे नियंत्रण संभालने की क्षमता बनाए रखते हैं। चिंता, उत्तेजना या लंबे समय तक सोने की आदत जैसे कारक नींद की आवश्यकताओं में व्यक्तिगत अंतर में योगदान कर सकते हैं। यह धारणा कि व्यक्ति जितना अधिक सोता है, उसकी इच्छा उतनी ही अधिक होती है, यह आदत के प्रभाव का सुझाव देता है।

थकान, जबकि अक्सर काम से जुड़ी होती है, अधिक महत्वपूर्ण रूप से चिंता और उत्तेजना के कारण होती है, जो संतुलन को बिगाड़ देती है और थकान का कारण बनती है। मन की शांतिपूर्ण स्थिति संतुलन बनाए रखने में मदद करती है, लेकिन चेतना, अपने स्वभाव से, एक विघटनकारी तत्व है जिसे रीढ़ की हड्डी प्रणाली लंबे समय तक बनाए नहीं रख सकती है।

मानसिक अशांति मस्तिष्क की गतिविधि को बनाए रखने के लिए महत्वपूर्ण अंगों से रक्त को हटा देती है, जो न केवल व्यर्थ है बल्कि हानिकारक भी है। जब मस्तिष्क को अधिक रक्त की आवश्यकता होती है, तो यह शरीर के लाभ के लिए होना चाहिए, नुकसान के लिए नहीं। रीढ़ की हड्डी का तंत्र अपने संसाधनों पर इस हस्तक्षेप और बढ़ी हुई मांग को सीमित समय के लिए ही सहन कर सकता है।

जीवन-शक्तियों के अपने-अपने कार्य होते हैं और जब रीढ़ की हड्डी प्रणाली पर मस्तिष्क की गतिविधि का अत्यधिक बोझ होता है, तो वे इस बोझ को उतार सकते हैं और अपने अभ्यस्त तरीके से स्वतंत्र रूप से काम कर सकते हैं, जो विकास के पहले चरणों की याद दिलाता है।

❋ ❋ ❋

# हमारा भाई, जानवर

ऐसे विचारक हैं जो तर्क देते हैं कि मानव व्यक्तित्व मौलिक रूप से जानवरों से अलग है, यदि वास्तव में कहा जा सकता है कि जानवरों में भी व्यक्तित्व होता है। उनका मानना है कि जानवरों में व्यक्तित्व का अभाव है और वे केवल जीवित मशीनें हैं जिन पर मनुष्यों का प्रभुत्व है। हालाँकि, मुझे यह तर्क अप्रासंगिक लगता है।

जिस किसी ने भी घरेलू जानवरों के साथ समय बिताया है वह इस तथ्य की पुष्टि कर सकता है कि प्रत्येक जानवर का अपना विशिष्ट व्यक्तित्व होता है। जिस तरह कोई भी दो इंसान हर मामले में बिल्कुल एक जैसे नहीं होते, उसी तरह कोई भी दो जानवर एक सामान्य खाका साझा करने के बावजूद थोड़े अलग जीव रखने के कारण हर पहलू में एक जैसे नहीं होते।

मनुष्य की तुलना में जानवर ब्रह्मांड में अलग-अलग कार्य करते हैं और वे अक्सर अपनी भूमिकाएँ काफी प्रभावी ढंग से निभाते हैं। हालाँकि, विकास ने मनुष्य को अधिक उन्नत जीव के साथ-साथ अधिक जिम्मेदारियाँ और कार्य का व्यापक दायरा प्रदान किया है। कुछ विशेषज्ञों का तर्क है कि मानव मस्तिष्क में संभ्रम अन्य जानवरों के मस्तिष्क की तुलना में अधिक गहरे और असंख्य हैं, जबकि अन्य सुझाव देते हैं कि चिंपैंजी के मस्तिष्क और मानव के मस्तिष्क के बीच अंतर नगण्य है। फिर भी, इन समानताओं के बावजूद, मनुष्य जानवरों से स्पष्ट रूप से भिन्न हैं।

हालाँकि चिंपांज़ी और मनुष्यों के दिमाग में एक अद्भुत समानता हो सकती है, लेकिन यह निर्विवाद है कि मनुष्य जानवरों के साम्राज्य में एक अद्वितीय स्थान रखता है। हालाँकि इंसानों और चिंपैंजी के बीच इंसानों और अन्य जानवरों की तुलना में अधिक समानता है, फिर भी उनके बीच एक महत्वपूर्ण अंतर रहता है। यह भेद, विकास का “अंतिम तिनका”, मनुष्य को व्यापक समझ और परिणामस्वरूप, अधिक शक्ति प्रदान करता है।

यह चेतना के ऊंचे स्तर का कब्जा है जो मनुष्यों को उनके पशु समकक्षों से ऊपर उठाता है और यह इस उन्नत चेतना का उपयोग है कि मनुष्य या तो सामान्य प्राणियों से ऊपर उठ सकते हैं या सबसे निचले जानवरों से नीचे गिर सकते हैं। कौन सा जानवर वह दुःख और पीड़ा पहुँचा सकता है जो मनुष्य पैदा करने में सक्षम हैं? मुझे कुख्यात नीरो जैसे उदाहरण देने की जरूरत नहीं है। ऐसे अनगिनत उदाहरण मौजूद हैं जहाँ मनुष्य, अपनी चेतना के ह्रास के कारण, घृणित प्राणी बन गए हैं प्रकृति की प्रतिष्ठा पर एक धब्बा, यहाँ तक कि उसके जंगल में रहने वाला महान बाघ भी तुलनात्मक रूप से गुणी प्रतीत होता है।

जानवरों के पास अपनी प्राकृतिक भूमिकाओं को पूरा करने के लिए आवश्यक सभी ज्ञान होते हैं और उनकी आवश्यकताओं के लिए पर्याप्त भाषा होती है। उनकी चेतना उनके तात्कालिक परिवेश से आगे नहीं बढ़ती है, न ही उनमें व्यापक तर्क-वितर्क की क्षमता होती है। हालाँकि, यह सुझाव देने के लिए पर्याप्त सबूत हैं कि कुछ अधिक बुद्धिमान जानवर एक सीमित सीमा तक तर्क करने में सक्षम हैं।

जानवरों की इच्छाएँ मुख्य रूप से आत्म-संरक्षण और प्रजातियों को बनाए रखने पर केंद्रित होती हैं। उनके तंत्रिका केंद्रों को आनुवंशिकता के कारण, बाहरी उत्तेजनाओं के प्रति विशिष्ट तरीकों से प्रतिक्रिया करने की आदत होती है और ये सहज व्यवहार उनके जीवन पर हावी होते हैं। जानवरों को ज्ञान की भूख नहीं होती, क्योंकि उनकी चेतना काफी हद तक उनकी तात्कालिक जरूरतों तक ही सीमित होती है। फिर भी, मैंने एक बुद्धिमान कुत्ते की आँखों में चौकसता की झलक देखी है बातचीत के विषय को समझने और समझने की इच्छा जिसे वह सुन रहा था। समझने में असफल होने पर, कुत्ता संतुष्ट होकर लेट जाएगा और इसके बारे में भूल जाएगा, लेकिन एक पल के लिए, व्यापक समझ की लालसा थी।

ज्ञान की प्यास मानव स्वभाव की एक परिभाषित विशेषता है। हमारी विस्तारित चेतना हमें अज्ञात की विशालता की झलक प्रदान करती है, जिसे हम कभी भी पूरी तरह से समझ नहीं सकते हैं। जानवरों पर हमारी कथित श्रेष्ठता विकास में एक छोटा कदम मात्र है। विकास को अभी भी एक ऐसा जीव प्राप्त करना बाकी है जिसमें पूर्ण और संपूर्ण चेतना हो।

पीढ़ियों से पारित संचित ज्ञान के बिना, आज हमारा दिमाग बंजर बंजर भूमि होगा, जो कठोर परिस्थितियों में जीवित रहने के अलावा और कुछ नहीं दे पाएगा एक ऐसी स्थिति जो जानवरों या हमारे आदिम पूर्वजों से बहुत अलग नहीं है। हालाँकि, आज सबसे अज्ञानी व्यक्ति के पास भी ऐसा ज्ञान है जो प्राचीन काल के सबसे बुद्धिमान व्यक्तियों के ज्ञान से भी बढ़कर है।

कुछ क्रूर रीति-रिवाजों के प्रति घृणा बढ़ रही है, जिनकी आदत मानव व्यवहार में शामिल हो गई है, जो एक उच्च और अधिक प्रबुद्ध अस्तित्व की ओर प्रगति का संकेत है। जानवरों को मारना और उनका उपभोग करना तेजी से घृणित होता जा रहा है, कई लोग इसे

नरभक्षण के समान एक बर्बर प्रथा के रूप में पहचान रहे हैं। फिर भी, सहस्राब्दियों से गहराई तक जमी हुई ऐसी आदतों को छोड़ना एक क्रमिक प्रक्रिया है। हमारी घोषित श्रेष्ठता और अमर आत्मा के दावे के बावजूद, मनुष्य मांसाहारी जानवर ही बने हुए हैं।

मैंने एक अज्ञानी और क्रूर व्यक्ति का एक दयालु और वफादार कुत्ते पर प्रभुत्व जमाने का दयनीय दृश्य देखा है अपनी कथित श्रेष्ठता का दावा करने के लिए जानवर को लात मार रहा है और उसके साथ दुर्व्यवहार कर रहा है। ऐसे व्यक्तियों को मनुष्य के रूप में अपनी हीनता के बारे में बहुत पीड़ा होती है और वे इसकी भरपाई के लिए जानवरों पर प्रभुत्व जताने के हर अवसर का लाभ उठाते हैं।

घोड़ा, शायद जानवरों के बीच मनुष्य का सबसे करीबी साथी, मनुष्यों के प्रति अपनी दासता से बहुत पीड़ित है। हालांकि कुछ लोग दयालु स्वामी होने के मामले में भाग्यशाली हो सकते हैं, लेकिन कई लोगों को महज मशीन समझे जाने, भावनाओं से रहित और केवल मानवीय सुविधा के लिए अस्तित्व में रहने की संभावना का सामना करना पड़ता है।

जानवरों की प्रकृति के अध्ययन से पता चलता है कि जीव प्रेम और दयालुता के प्रति संवेदनशील होते हैं, जो अक्सर साथी मनुष्यों की तुलना में अधिक प्रशंसनीय होते हैं। उदाहरण के लिए, मेरा कुत्ता कठोरता से बात करने पर उत्तेजना और परेशानी से कांपता है, निंदा के हर स्वर को अच्छी तरह से महसूस करता है। उसकी संवेदनशील आत्मा मुस्कुराहट और स्नेह का प्यार से जवाब देती है।

कुछ लोगों ने कुत्तों द्वारा अपनी पूँछ हिलाने में खर्च की गई ऊर्जा के बारे में सोचा है और कामना की है कि कोई एडिसन इस कथित कचरे का दोहन कर सके। हालाँकि, पूंछ हिलाना खुशी का संकेत है भलाई के लिए एक शक्ति, चाहे वह कुत्ते में हो या किसी अन्य प्राणी में। कुत्ते को अपनी पूँछ हिलाने के लिए प्रोत्साहित करना ऊर्जा का एक सार्थक उपयोग है।

घरेलू बिल्लियों से कीटाणुओं के बारे में चिंताओं के बावजूद, इन प्रिय प्राणियों के साथ आदान-प्रदान किया गया प्यार किसी भी संभावित जोखिम से कहीं अधिक है। कुत्तों और

बिल्लियों को जब बच्चों की तरह देखभाल और स्नेह दिया जाता है, तो वे अधिक बुद्धिमान और समझदार हो जाते हैं और गहरी भक्ति करने में सक्षम हो जाते हैं।

जानवर, विशेष रूप से कुत्ते, आदत के प्राणी हैं और अचानक व्यवधान पीड़ा और यहाँ तक कि खतरे का कारण बन सकते हैं। एक कुत्ते और उसके मालिक के बीच गहरा बंधन कभी-कभी कुत्ते को अपने मालिक की कब्र की तलाश करने और उस पर नष्ट होने के लिए प्रेरित करता है आदत विघटन की गंभीरता का एक प्रमाण। मनुष्य, अक्सर अपने स्वयं के मामलों में व्यस्त रहता है, अपने प्रभुत्व के तहत जानवरों को होने वाली पीड़ा की उपेक्षा कर सकता है।

सर्दी की रात में आग के सामने आराम से बैठकर, मनुष्य अपने कुत्ते और बिल्ली को प्रवेश देने से मना कर सकता है, उन्हें केवल आत्मा या खुद की मदद करने की क्षमता के बिना जानवर मानकर। फिर भी, उनकी पीड़ा के प्रति यह उदासीनता एक उच्च शक्ति के समक्ष निर्णय और जवाबदेही में विश्वास का खंडन करती है।

जो कोई भी यह मानता है कि वे बिना परिणाम के असहाय जानवरों पर क्रूरता कर सकते हैं, वह धोखे में है। जानवरों को कष्ट देने के प्रत्येक कार्य का अपराधी पर हानिकारक प्रभाव पड़ता है जैसे बूमरैंग प्रभाव या दीवार से टकराती हुई गेंद। यह सिद्धांत प्रकृति का नियम है, जो धन की शक्ति या मानवीय कानूनों के सामने झुकता नहीं है।

चाहे पीड़ा किसी इंसान को दी गई हो या किसी जानवर को, इस कानून के तहत प्रभाव एक समान रहता है। जो लोग निहत्थे जानवरों के साथ दुर्व्यवहार करते हैं वे अपमानित और दुखी हैं, भले ही उनका बाहरी दिखावा या धार्मिक जुड़ाव कुछ भी हो। भले ही कोई सब्बाथ-स्कूल अधीक्षक जैसे सम्मानित पद पर हो और अपनी अमर आत्मा का दावा करता हो, लेकिन अगर वे जानवरों के साथ दुर्व्यवहार करते हैं तो वे अपमानित ही रहते हैं।

आत्माओं के प्रश्न के संबंध में, हम उनकी उपस्थिति को उनकी शक्तियों की भौतिक अभिव्यक्ति के माध्यम से पहचानते हैं। हमारे पशु भाई आत्मा-जीवन के हर संकेत को तीव्र भावनाओं और दृढ़ इच्छाशक्ति के साथ प्रदर्शित करते हैं, भले ही उनके शारीरिक तंत्र के कारण सीमाएं हों। हालाँकि उनकी बुद्धि हमारी तुलना में कम और उनकी इच्छाशक्ति कम

शक्तिशाली हो सकती है, लेकिन उनके दिमाग में “सर्वशक्तिमान की एक छोटी सी चिंगारी” भी होती है। हमारी महान बुद्धिमत्ता को हमारे पशु साथियों की चेतना को प्रबुद्ध और उन्नत करने का काम करना चाहिए।

❋❋❋

# अभिव्यक्ति की शक्ति

अभिव्यक्ति की शक्ति के प्रति हमारा क्या कर्तव्य नहीं है? इसके चमत्कार अद्वितीय हैं आत्मा अपने ज्ञान और भावनाओं को असंख्य तरीकों से व्यक्त करना चाहती है, फिर भी ऐसे क्षण आते हैं जब शब्द, हमारी अभिव्यक्ति का सामान्य तरीका, आत्मा की गहराई को पकड़ने में विफल हो जाते हैं। जैसा कि टेनीसन ने शोक व्यक्त करते हुए कहा, "मैं चाहता हूँ कि मेरी जीभ उन विचारों को व्यक्त कर सके जो मेरे अंदर उठते हैं। "

वाणी की शक्ति- हम इसे कैसे माप सकते हैं या जीवन पर इसके प्रभाव की मात्रा कैसे निर्धारित कर सकते हैं? यह उपलब्धियों, खुशियों और संभावनाओं की नींव है जो मानवता को निचले जानवरों के दायरे से ऊपर उठाती है। वाणी के बिना मानव प्रगति अवरुद्ध हो जायेगी। वाणी के माध्यम से विचारों को व्यक्त करने की हमारी क्षमता हमारी सबसे मूल्यवान संपत्तियों में से एक है। यहाँ तक कि हमारे विचार भी वाणी से प्रभावित होते हैं; वास्तव में, यह कहा गया है, "हम सोचते हैं क्योंकि हम बोलते हैं। " फिर भी, हम अक्सर यह पहचानने में असफल हो जाते हैं कि वाणी किस हद तक हमारे विचारों को आकार देती है।

ध्वनि अंग, आदत के माध्यम से, अभिव्यक्ति में उल्लेखनीय कौशल प्राप्त कर सकते हैं, एक मिनट में 1,500 अलग-अलग ध्वनियाँ उत्पन्न कर सकते हैं। दुर्भाग्य से, हम हमेशा इस उल्लेखनीय उपहार की सराहना नहीं करते हैं। हम केवल जो शब्द बोलते हैं वह ही नहीं, बल्कि जिस लहजे में हम उन्हें बोलते हैं, वह सबसे अधिक अर्थ बताता है। भाषण के ऐसे स्वर विकसित करना महत्वपूर्ण है जो स्वीकार्य और सुखदायक हों। कठोर और अप्रिय स्वरों का आदतन उपयोग हमारी अपनी और दूसरों की नसों पर हानिकारक प्रभाव डाल सकता है।

जो व्यक्ति लगातार डांटता है, वह अपनी चिड़चिड़ापन का कारण शारीरिक कारकों को बता सकता है, इस बात से अनजान कि उसकी शारीरिक स्थिति डांटने की आदत से ही प्रभावित होती है। तंत्रिकाओं पर कठोर स्वर का झकझोर देने वाला प्रभाव शारीरिक बीमारियों को बढ़ा सकता है। इस आदत को, किसी भी अन्य आदत की तरह, विपरीत आदतों को विकसित करके संबोधित किया जाना चाहिए जैसे आवाज के सुव्यवस्थित और सुखद स्वर को अपनाना, जो तंत्रिकाओं पर शांत प्रभाव डाल सकता है।

तंत्रिका तंत्र किसी भी चीज के प्रति अत्यधिक संवेदनशील होता है जो सद्भाव को बाधित करता है और हमारी समग्र भलाई इसकी स्थिति पर निर्भर करती है। असंगत विचारों और भावनाओं को व्यक्त करना हानिकारक आदतों को जन्म देता है जो शारीरिक बीमारियों के रूप में प्रकट हो सकती हैं। इसलिए, यह आवश्यक है कि हम वाणी में जिन स्वरों का उपयोग करते हैं, उनके प्रति सचेत रहें और ऐसी आदतें विकसित करें जो सद्भाव और कल्याण को बढ़ावा दें।

इसके विपरीत, सामंजस्यपूर्ण भावनाओं को व्यक्त करने से स्वयं भावना को बढ़ावा मिलता है और जब यह आदत बन जाती है, तो यह असंगत विचारों और अभिव्यक्तियों के कारण होने वाली बीमारियों को कम कर सकती है। यह महज अटकलें नहीं हैं यह स्पष्ट है कि कष्टकारी भावनाओं की लगातार अभिव्यक्ति अनिवार्य रूप से शारीरिक बीमारियों को जन्म देगी, ठीक उसी प्रकार जैसे विपरीत परिस्थितियाँ विपरीत प्रभाव उत्पन्न करती हैं। यह कहावत "कार्य शब्दों की तुलना में अधिक जोर से बोलते हैं" महत्वपूर्ण सत्य है और कभी-कभी मौन वाणी से अधिक व्यक्त कर सकता है।

क्रोध को नियंत्रित करने की तुलना में उसे प्रकट करना आसान लग सकता है, लेकिन संयम बरतना शक्ति का प्रदर्शन है, जबकि अनियंत्रित अभिव्यक्ति हमारी ऊर्जा को नष्ट कर देती है और हमारी क्षमताओं को कमजोर कर देती है। इसके विपरीत, हम अक्सर प्यार और दयालुता की भावनाओं को व्यक्त करने को नजरअंदाज कर देते हैं, यह मानकर कि उन्हें समझा जाएगा, क्योंकि भाषण हमारी अभिव्यक्ति का एकमात्र तरीका नहीं है।

इशारे संचार का अभिन्न अंग हैं, अक्सर अकेले शब्दों की तुलना में अधिक अर्थ व्यक्त करते हैं। एक वक्ता जो दर्शकों को संबोधित करते समय गतिहीन रहता है, उसे दर्शकों को मोहित करने में कठिनाई होगी; हावभाव हमारी भावनाओं और विचारों के लिए एक स्वाभाविक संगत है, विशेष रूप से बच्चों और भावनात्मक रूप से अभिव्यंजक व्यक्तियों में स्पष्ट है।

एक साधारण इशारा एक कंधे उचकाना, एक नजर, एक उभरी हुई भौंह बहुत कुछ बता सकता है, लेकिन आँख इस तरह से चुपचाप संचार करती है कि शब्दों की तुलना नहीं की जा सकती। मानव आँख की अभिव्यंजक शक्ति वास्तव में उल्लेखनीय है। प्रेम और उत्साह से भरी आँखों की रोशनी से एक साधारण चेहरा भी सुंदर बन सकता है, फिर भी आँखों द्वारा दिया गया संदेश हमेशा वास्तविक नहीं हो सकता है। जैसे होंठ झूठ बोल सकते हैं, वैसे ही आंखें भी झूठ बोल सकती हैं। एक मुस्कुराता हुआ चेहरा खलनायकी को छुपा सकता है, जबकि एक मासूम चेहरा एक दिखावे से ज्यादा कुछ नहीं हो सकता है।

***

# प्रगति और प्रतिगमन

प्रगति के बाद अनिवार्यतः प्रतिगमन आता है। पूरे इतिहास में, राष्ट्र महान शक्ति के रूप में उभरे हैं और बाद में गुमनामी में चले गए हैं। फिर भी, इस चक्रीय पैटर्न के बावजूद, ज्ञान और दुनिया की समग्र उन्नति जारी है। जिस प्रकार बवंडर की विनाशकारी शक्ति अंततः नष्ट हो जाती है और शांति का मार्ग प्रशस्त करती है, उसी प्रकार जीवन के बाद मृत्यु आती है, आनंद के बाद दुःख आता है और इसके विपरीत भी। इसे संयमित करने या नियंत्रित करने के लिए प्रतिगमन के क्षणों के बिना कोई निरंतर आगे की गति नहीं होती है। इसका उदाहरण एक तरंग के भीतर प्रत्येक कण की गोलाकार गति से होता है, जो ब्रह्मांड को नियंत्रित करने वाले चक्रों के सिद्धांत को दर्शाता है।

जबकि कुछ लोग तर्क देते हैं कि ब्रह्मांड में कोई अंतर्निहित उद्देश्य नहीं है, मानवता को इस धारणा पर विश्वास दिलाना चुनौतीपूर्ण बना हुआ है। इस प्रस्ताव का समर्थन करने वाले हालिया तर्कों के बावजूद जैसे कि जी.टी "द ग्रामर ऑफ लाइफ" में रिंच का अवलोकन कि मनुष्य, अन्य जानवरों की तरह, ब्रह्मांड के नियमों के अधीन हैं, यह जरूरी नहीं है कि मनुष्य और उनकी प्रजातियों में अंतिम लक्ष्य या उद्देश्य का अभाव है।

रिंच का मानना है कि मानवीय उद्देश्य को अनंत काल के संदर्भ में नहीं समझा जा सकता है। हालाँकि यह सच हो सकता है कि मनुष्य अनंत काल तक निरंतर सचेत उद्देश्य को कायम नहीं रख सकता है, फिर भी हम अपने जीवन में उद्देश्य के प्रति सचेत हैं। ब्रह्मांड में उद्देश्य के बिना, अवधारणा का हमारे लिए कोई अर्थ नहीं होगा। हम उद्देश्य को मन के एक आवश्यक गुण के रूप में पहचानते हैं, जो सभी प्राकृतिक गतिविधियों में स्पष्ट है। नियमों का अस्तित्व जिनका मनुष्य को पालन करना चाहिए, उद्देश्य का सुझाव देता है।

मन अपनी विभिन्न गतिविधियों में समान कानूनों के ढांचे के भीतर काम करता है। उद्देश्य के बिना, ब्रह्मांड चक्रों की एक अंतहीन श्रृंखला से बनी एक शाश्वत और लगातार परिवर्तनशील इकाई के रूप में मौजूद होने के बजाय अराजकता में उतर जाएगा। इसके अलावा, उद्देश्य की अनुपस्थिति ब्रह्मांड को अस्तित्वहीन बना देगी।

यह विचार कि बिना अनुरूप प्रतिगमन के प्रगति अनिश्चित काल तक जारी नहीं रह सकती, हमें अत्यधिक चिंतित नहीं होना चाहिए। हमारे अस्तित्व को नियंत्रित करने वाले कानून हमें आश्वस्त करते हैं कि प्राकृतिक प्रक्रियाओं के परिणाम से डरने की कोई बात नहीं है। मानवता विकसित हो रही है; हम न केवल अपनी वर्तमान स्थिति बल्कि आने वाली पीढ़ियों की स्थिति को भी बेहतर बनाने का प्रयास करते हैं। हम अधिक खुशी की विशेषता वाली चेतना की स्थिति की ओर बढ़ रहे हैं। साथी मनुष्यों को गुलाम बनाने की प्रथा काफी हद तक पीछे छूट गई है और ऐसे संकेत हैं कि जानवरों को भी गुलाम बनाना जल्द ही अतीत की बात हो सकती है। मशीनरी मनुष्यों और जानवरों दोनों के लिए श्रम के बोझ को काफी हद तक कम कर रही है और बड़े पैमाने पर पशु फार्म छोटे खेतों की जगह ले रहे हैं। कुछ लोग जानवरों को भी अमरता का अधिकार देने का तर्क देते हैं।

हालाँकि यह भविष्यवाणी की गई है कि पृथ्वी अंततः मनुष्यों के लिए निर्जन हो सकती है, यह भी अनुमान है कि ऐसा होने से पहले ही मानव प्रजाति विलुप्त हो गई होगी। प्रकृति यह सुनिश्चित करती है कि उसके प्राणियों के पास हमेशा उनकी जरूरतों को पूरा करने का साधन हो। जब एक संसाधन कम हो जाता है तो दूसरा उसकी जगह लेने के लिए उभर आता है। प्रत्येक अंत एक नई शुरुआत का प्रतीक है और किसी और चीज के परिवर्तन के बिना कोई अचानक परिवर्तन नहीं होता है। मानव मन, हमारी सबसे प्रिय संपत्ति, विश्व विनाश की भयानक भविष्यवाणियों से अविचलित रहता है। यह सभी परिवर्तनों से परे है और उनके द्वारा नष्ट नहीं किया जा सकता। जैसा कि प्रसिद्ध कहावत है, "अपमानजनक और तुच्छ जीवन जीने की तुलना में अच्छे ढंग से मरना बेहतर है। " यह दृढ़ मन विपत्ति के सभी सुझावों का जवाब यह कहकर देता है, "मैं अपना जीवन केवल विभिन्न परिस्थितियों में इसे फिर से लेने के लिए देता हूँ। "

अमरता का प्रश्न हमेशा मानवता के लिए बहुत रुचिकर रहा है और मृत्यु के बाद भी निरंतर अस्तित्व में विश्वास मानव संस्कृति का एक विशिष्ट लक्षण रहा है। पूरे इतिहास में, इस विश्वास को अक्सर अंधविश्वास के साथ जोड़ा गया है, जिससे विभिन्न संस्कृतियों के रीति-रिवाजों और मान्यताओं से प्रभावित होकर मृत्यु के बाद के जीवन के विभिन्न दृष्टिकोणों का निर्माण हुआ है।

आधुनिक समय में, विज्ञान और धर्म के बीच सहिष्णुता और पारस्परिक सम्मान बढ़ रहा है, जो उन्हें सामान्य आधार पर जीवन और अमरता के गहन प्रश्नों से जुड़ने की अनुमति देता है। इस युग में अंधविश्वास को तर्क का स्थान लेते हुए देखा गया है और धार्मिक इतिहास को चिह्नित करने वाली असहिष्णुता और कट्टरता की जगह प्रेम और करुणा पर जोर दिया गया है।

जब धार्मिक संस्थाएं व्यक्तियों को निर्धारित मान्यताओं से अलग होने के डर के बिना अपनी तर्क क्षमताओं का उपयोग करने के लिए प्रोत्साहित करती हैं, तो यह सही दिशा में प्रगति का संकेत देता है। अपने संकीर्ण विचारों को ब्रह्माण्ड पर थोपने का प्रयास एक व्यर्थ प्रयास है। इसके बजाय, हमें वास्तविकता का वैसे ही सामना करना चाहिए जैसे वह है, न कि जैसा हम चाहते हैं।

एक चर्च नेता, डॉ वॉर्सेस्टर के निम्नलिखित कथन सुनना उत्साहजनक है: "मेरा मानना है कि चर्च ने विशेष रूप से सामान्य, अच्छे, खुश और अमीर लोगों पर ध्यान केंद्रित करने में गलती की है जो निर्दोष और अच्छे हैं -और गरीबों, बीमारों और असामान्य लोगों के प्रति दया दिखाने के यीशु मसीह के मिशन को भूल गया है। पुरानी धारणा कि चर्च केवल अपने सदस्यों के लाभ के लिए मौजूद है, पुरानी होती जा रही है। हम उस मानसिकता से दुनिया को कभी नहीं बचा पाएँगे मंत्रिस्तरीय जीवन की पारंपरिक अवधारणा विकसित हो रही है। मंत्री मानते थे कि उनका कर्तव्य केवल अपने स्वास्थ्य को बनाए रखना, पढ़ना और अधिकार और बल के साथ उपदेश देना है। वह भी पुरानी होती जा रही है। लोग अधिकार और बल नहीं चाहते हैं। हमें अपनी मंडलियों को सह-कार्यकर्ताओं के रूप में, एक सामान्य आदर्श में एकजुट परिवार की तरह देखना चाहिए। "

जब चर्च अपने प्रयासों को सैद्धांतिक अवधारणाओं के बजाय व्यावहारिक ईसाई धर्म में शामिल करता है और अधिक खुले विचारों वाला दृष्टिकोण अपनाता है, तो इसकी शक्ति और उपयोगिता बढ़ जाएगी। कुछ लोगों ने इमैनुएल आंदोलन की आलोचना की है, उनका दावा है कि यह केवल मामूली तंत्रिका विकारों को संबोधित करता है और अधिक गंभीर "पुराने मामलों" को डॉक्टरों पर छोड़ देता है। इन पुराने मामलों के इलाज में डॉक्टरों की सफलता का आकलन करना दिलचस्प होगा।

जैसे-जैसे चर्च इस आशावादी दिशा में आगे बढ़ रहा है, विज्ञान भी अमरता में विश्वास का समर्थन करने के लिए ठोस कारणों की तलाश में, धर्म की ओर अपना हाथ बढ़ा रहा है।

एक विद्वान भौतिक विज्ञानी और इलेक्ट्रीशियन, ई फोरनियर डी'अल्बे, बी.एससी., ए.आर.सी.एससी., ने हाल ही में "न्यू लाइट ऑन इम्मोर्टलिटी" नामक एक पुस्तक प्रकाशित की है, जिसमें उनका तर्क है कि आत्मा वास्तव में भौतिक शरीर से स्वतंत्र रूप से अस्तित्व में है और निकल जाती है। मृत्यु पर इससे उनके अनुसार, यह आत्मा-शरीर भौतिक शरीर की कोशिकाओं के अनुरूप साइकोमेरेज़ से बना है और प्राकृतिक नियमों के अधीन, वातावरण के भीतर एक "मानसिक क्षेत्र" के भीतर संचालित होता है।

भले ही यह दावा सच साबित हुआ हो, यह आवश्यक रूप से अमरता को प्रदर्शित नहीं करता है सचेतन व्यक्तित्व के किसी भी व्यवधान के बिना एक शाश्वत अस्तित्व। बल्कि, इसका अर्थ यह होगा कि इसे पूरा करने के बाद हमें अस्तित्व के एक और चक्र से गुजरना होगा।

और इस प्रकार हम "जीवन के जटिल भूलभुलैया पथ" के साथ आगे बढ़ते हैं, जो हमारे जीवन के चक्र को पूरा करता है, ठीक उसी तरह जैसे तरंग कण अपने छोटे वृत्त में चलता है, एक बार फिर चक्र और तरंग गति के मूल सिद्धांतों को चित्रित करता है एक चढ़ाई जिसके बाद मूल की ओर वापसी, जिससे हम हमेशा के लिए जुड़े हुए हैं सार्वभौमिक मन।

❋❋❋

# जीवनयापन का व्यवसाय

"केवल अपने भीतर ऊर्जा संचय करने पर ध्यान केंद्रित करने से, विशेष रूप से शांत अवस्था में, आपकी ऊर्जा तब तक मजबूत होगी जब तक आप पूरी तरह से सशक्त महसूस नहीं करते। यह दृष्टिकोण थकान की भावनाओं और विभिन्न लक्षणों को भी कम कर सकता है। यदि आप अच्छा महसूस नहीं कर रहे हैं, तो अपने सिस्टम में ऊर्जा डालें नई ऊर्जा के साथ और कुछ ही मिनटों में, आप तरोताज़ा महसूस करेंगे।"

मैं इस प्रेरक सत्य को साझा करने के लिए क्रिश्चियन डी लार्सन का आभारी हूँ, क्योंकि इसका महत्वपूर्ण महत्व है। हम समझ रहे हैं कि हमारे तंत्रिका केंद्र ऊर्जा के केंद्र हैं, जो हमारे सामने उनका बुद्धिमानी से उपयोग करने की चुनौती पेश कर रहे हैं। मानव शरीर, अपनी जटिल आंतरिक शक्तियों के साथ, जीवन के माध्यम से हमारी यात्रा के लिए शुरुआती पूंजी के रूप में कार्य करता है एक ऐसी यात्रा जिसमें हम सभी अनिवार्य रूप से शामिल होते हैं। यह हम पर निर्भर करता है कि यह यात्रा लाभदायक सिद्ध होती है या नहीं। हम अपनी पूंजी को एक सैलून मालिक की तरह बर्बाद कर सकते हैं जो अपनी सारी शराब पी लेता है और दुकान बंद कर देता है या हम अपने मामलों पर लगन से ध्यान देकर और लापरवाह व्यवहार से परहेज करके अपने भंडार को बढ़ा सकते हैं। एक सफल उद्यमी अपने व्यवसाय का अध्ययन करता है, इसे उत्साह के साथ देखता है और अपनी पूंजी बढ़ाने के हर अवसर का लाभ उठाता है। हालांकि उत्साह और जोखिम लेने से कुछ परिणाम मिल सकते हैं, यह संतुलित, परिकलित दृष्टिकोण है जो दीर्घकालिक सफलता और स्थिरता सुनिश्चित करता है। "

हमारी ऊर्जा पूंजी बढ़ाने की पद्धति के बारे में कुछ भी अटकलें या अनुचित नहीं है। हम सभी ऐसे व्यक्ति के बीच शक्ति के अंतर को पहचानते हैं जो अपना आपा खो देता है

और जो चुनौतीपूर्ण परिस्थितियों में शांत रहता है। शांति तंत्रिका केंद्रों में संतुलन स्थापित करने की दिशा में प्रारंभिक कदम है, जो ऊर्जा संचय के पीछे का असली रहस्य है। "शांति में शक्ति है" यह कहना "एकता में शक्ति है" के समान है, क्योंकि शांति चेतना की एक स्थिति का प्रतिनिधित्व करती है जहाँ तंत्रिका केंद्र सद्भाव में कार्य करते हैं। यह एक ठोस प्रयास के समान है, जहाँ हर कोई एक साथ आता है और जब तंत्रिका केंद्र ऊर्जा संचय पर ध्यान केंद्रित करते हुए इस तरह से कार्य करते हैं, तो सफलता अपरिहार्य हो जाती है। यदि ध्यान कहीं और लगाया गया, तो शक्ति के आंतरिक केंद्र, चेतना की इस संगठित और निर्धारित स्थिति में, अलग-अलग परिणाम प्राप्त करने के लिए अनिवार्य रूप से काम करेंगे।

हमारे लिए यह समझदारी है कि हम जीवन के व्यवसाय में अपनी स्थिति का शांतिपूर्वक आकलन करें और यदि हमारी पूंजी बढ़ाने के लिए कोई सरल और तर्कसंगत तरीका है, तो हमें उसे सीखने और लागू करने के लिए उत्सुक होना चाहिए। हमें यह याद रखना चाहिए कि यद्यपि शरीर हमारी पूंजी का अधिक ठोस हिस्सा है, यह अपरिहार्य है और इसका मूल्यांकन उसी के अनुसार किया जाना चाहिए। हम जिन शक्तियों का उपयोग और नियंत्रण करते हैं उनकी प्रभावशीलता शरीर पर निर्भर करती है। क्या हम आगामी अस्तित्व में भौतिक शरीर को त्याग सकते हैं, यह हमारे जीवन के वर्तमान अनुभव से संबंधित मामला नहीं है। इस जीवन में, मानव शरीर एक महत्वपूर्ण भूमिका निभाता है और इसकी उपेक्षा या तिरस्कार करना मूर्खतापूर्ण होगा।

तंत्रिका केंद्रों द्वारा शुरू की गई विशिष्ट गतिविधियों के माध्यम से, हम अपनी इच्छाओं को साकार करने में सक्षम होते हैं। विशिष्ट गतिविधियों को प्रेरित करने के लिए तंत्रिका केंद्रों की यह सहज प्रवृत्ति, जिसका उद्देश्य उन वस्तुओं या स्थितियों को प्राप्त करना है जिन पर हमारा ध्यान केंद्रित है, जीवन के व्यवसाय से जुड़ा एक बुनियादी सिद्धांत है। इस सिद्धांत को समझना सर्वोपरि है, क्योंकि हमारे सभी विचार और कार्य इसी में निहित हैं। विचार कार्यों की ओर ले जाते हैं और प्रत्येक कार्य वांछित उद्देश्य की प्राप्ति में योगदान देता है। हालाँकि हम वांछित परिस्थितियों को प्रकट करने के लिए सभी आवश्यक गतिविधियों को तुरंत

निष्पादित नहीं कर सकते हैं, पहला कदम उठाने से हम अंततः सफलता की राह पर आगे बढ़ते हैं। जैसा कि डॉ ड्रेपर ने ठीक ही कहा है, "घटनाएँ, चाहे कितनी भी बड़ी या अचानक हों, बहुत पहले की गई तैयारियों का परिणाम होती हैं। "

हम लगातार भविष्य के लिए आधार तैयार कर रहे हैं, चाहे हम इसके बारे में जानते हों या नहीं। वर्तमान क्षण में हमारे सामने प्रस्तुत अवसरों का लाभ उठाकर ही हम अपनी इच्छाओं के अनुसार भविष्य को आकार देते हैं। खुशी एक सार्वभौमिक आकांक्षा है और इसे प्राप्त करना हमारा अधिकार है। हालाँकि, हमें यह समझना चाहिए कि इसे कैसे प्राप्त किया जाए और इसे स्वार्थी आनंद समझने की भूल से बचना चाहिए। जिस तरह व्यक्ति समृद्धि के समय में कम से कम प्रतिरोध का रास्ता चुनकर लड़खड़ा जाते हैं, उसी तरह वे परिणामों पर विचार किए बिना तत्काल संतुष्टि की तलाश में खुशी की तलाश में भी लड़खड़ा जाते हैं।

जब हम अपने कार्यों को प्राकृतिक नियमों के साथ संरेखित करते हैं, तो प्रकृति हमें अपनी ताकत प्रदान करती है और हमें वास्तव में दुर्जेय बना देती है। इसके विपरीत, इन कानूनों का विरोध या अवहेलना करने से भ्रम और हार होती है। विद्रोह और विरोध का रवैया केवल मुसीबत को आमंत्रित करता है और खुशी की हमारी राह में बाधा डालता है।

व्यक्तिगत और व्यावसायिक दोनों मामलों में ईमानदारी एक अनिवार्य गुण है। निष्ठाहीनता विश्वास को नष्ट कर देती है, जबकि ईमानदार व्यक्ति उत्कृष्ट प्रतिष्ठा बनाए रखता है। धोखेबाज व्यक्ति खुद को चतुर मान सकते हैं, लेकिन अंततः वे खुद से ज्यादा किसी को धोखा नहीं देते। एक पाखंडी मानवता के लिए वही है जो एक कृत्रिम रत्न असली गहनों के लिए है। जबकि झूठ अस्थायी खुशी प्रदान कर सकता है, वास्तविक खुशी मौलिक रूप से भिन्न होती है, ग्रांड कैन्यन और एक साधारण खड्ड के बीच के अंतर के समान। धोखे से काम करने से आत्म-तिरस्कार होता है, एक ऐसी स्थिति जो सच्ची खुशी के साथ असंगत होती है।

मानव कानूनों को आदर्श रूप से प्राकृतिक कानूनों के अनुरूप होना चाहिए, हालांकि यह हमेशा मामला नहीं होता है। जीवन की जटिलताएँ हमारी ताकत और निर्णय की

परीक्षा लेती हैं, लेकिन सच्चाई और सम्मान अमूल्य संपत्ति हैं जिनसे हम समझौता नहीं कर सकते। अनिर्णय और कमजोरी से कोई परिणाम नहीं मिलता है, लेकिन एक दृढ़ और अटूट दृढ़ संकल्प वांछित उद्देश्य प्राप्त होने तक उपलब्धि की खोज में तंत्रिका केंद्रों को बनाए रखता है।

जब चीजें अपेक्षा के अनुरूप नहीं होतीं तो हम निराश नहीं हो सकते। अक्सर, जो परिवर्तन हम चाहते हैं वे तब घटित होते हैं जब हमें उनकी कम से कम आशा होती है। चिंतित मानसिकता बनाए रखने से केवल प्रगति में देरी होती है। यह ज्ञान पुरानी कहावत में व्यक्त किया गया है, "देखा हुआ बर्तन कभी नहीं उबलता। " यदि हम उत्सुकता से परिणामों का इंतजार करते हैं और उनकी देरी पर अफसोस करते हैं, तो हम उपलब्धि के लिए आवश्यक संतुलन को बाधित करते हैं। हमें अवांछनीय परिस्थितियों को छोड़ देना चाहिए और सर्वोत्तम परिणामों की चेतना में खुद को डुबो देना चाहिए। यह चेतना प्रकाश या ध्वनि के समान ऊर्जा का एक शक्तिशाली रूप है और इसकी प्रकृति हमारे जीवन पर महत्वपूर्ण प्रभाव डालती है। यह हमारे लिए प्रकृति का सबसे शानदार उपहार है और हमें इसे तदनुसार संजोना चाहिए।

हमें उम्र बढ़ने के साथ चेतना की प्रसन्नता बच्चों और युवा जानवरों में देखी जाने वाली भावना की उछाल को कम नहीं होने देना चाहिए। ऐसा कोई कारण नहीं है कि हम जीवनभर इस जीवंत जीवन-ऊर्जा को बनाए न रख सकें। अपनी ऊर्जा को लापरवाही से बर्बाद करना, अपने शरीर को अनावश्यक तनाव में डालना और क्षति को ठीक करने के लिए महंगी सर्जरी का सहारा लेना नासमझी है।

ऊर्जा संचय करने की प्रक्रिया आनंदमय है, खुशी की राह पर सुखद रास्तों को पार करने के समान है। हम काम करते समय थकावट या थकावट से बचते हुए आराम कर सकते हैं। यह न केवल हमारी शारीरिक शक्तियों को बल्कि हमारी आत्मा की क्षमताओं को भी मजबूत करता है, जिससे हम वर्तमान सीमाओं से परे अधिक उपलब्धियों, खुशी और सफलता की ओर पहुँचने में सक्षम होते हैं। प्रबल इच्छा के साथ मिलकर, ऊर्जा का यह संचय हमारे जीवन में अप्रत्याशित सुधार लाता है। यदि हम कुछ हासिल करने, आनंद लेने और सफल होने की शक्ति चाहते हैं तो हमें इसकी भरपूर आपूर्ति सुनिश्चित करनी चाहिए।

असीमित सार्वभौमिक ऊर्जा उस बैंक के रूप में कार्य करती है जहाँ हमारी पूंजी जमा की जाती है, जो प्राकृतिक कानूनों के अनुसार हमारी मांगों का जवाब देती है। जीवन की यह यात्रा हमें असीमित संभावनाएं, शानदार अवसर और आनंदमय अनुभव प्रदान करती है, इस गलत धारणा के विपरीत कि इसमें केवल बड़ा होना, बूढ़ा होना और मरना शामिल है।

~समाप्त~